자몽주스를 좋아하지
자몽을 좋아하지 않아

한보경
2009년 『불교문예』를 통해 시인으로 등단했다.
시집 『여기가 거기였을 때』 『덤, 덤』 『자몽주스를 좋아하지 자몽을 좋아하지 않아』,
산문집 『사탕과 버찌』를 썼다.

파란시선 0165 자몽주스를 좋아하지 자몽을 좋아하지 않아

1판 1쇄 펴낸날 2025년 10월 10일
지은이 한보경
인쇄인 (주)두경 정지오
디자인 이다경
펴낸이 채상우
펴낸곳 (주)함께하는출판그룹파란
등록번호 제2015-000068호
등록일자 2015년 9월 15일
주소 (10387) 경기도 고양시 일산서구 중앙로 1455 대우시티프라자 B1 202-1호
전화 031-919-4288
팩스 031-919-4287
모바일팩스 0504-441-3439
이메일 bookparan2015@hanmail.net

ⓒ한보경, 2025, printed in Seoul, Korea

ISBN 979-11-94799-13-9 03810

값 12,000원

*이 책 내용의 전부 또는 일부를 재사용하려면 반드시 저작권자와 (주)함께하는출판그룹파란 양측의 동의를 받아야 합니다.
*잘못된 책은 바꾸어 드립니다.
*지은이와의 협의 하에 인지는 생략합니다.
*이 책은 2025년 부산광역시, 부산문화재단 <부산문화예술지원사업>으로 지원을 받았습니다.

자몽주스를 좋아하지
자몽을 좋아하지 않아

한보경 시집

시인의 말

커다란 착각 앞에 마주 선다

다행이다

차례

시인의 말

제1부
우리는 머나먼 이국에서 온 이방인이어서 – 11
이름이 조르바였던 조르바 – 12
일방통행로 – 14
메노포즈 – 16
우리는 모르는 게 많아서 – 18
새라고 부르기 – 20
새샘슈퍼 – 22
노포동 두 시 – 24
언더독에 얽힌 알려지지 않은 이야기 – 26
차귀(遮歸) – 28

제2부
비 온 뒤 첫 소금 – 33
자몽주스를 좋아하지 자몽을 좋아하지 않아 – 34
징조 – 36
묵비권 – 38
나바위길 – 40
봄눈 – 42
비둘기의 시간 – 44
문신과 타투 – 46
낡은 양말 – 48
이름이 바다였던 바다 – 50

제3부

반전 – 55

바람의 기억 – 56

거울 앞에서 – 58

화양연화 – 60

씹고 물어뜯기 딱 좋은 – 62

퀼트 – 64

엎드린 말 – 66

목요일의 일과 – 68

곰소 – 70

미담 – 72

제4부

트와일라잇 존 1 – 77

트와일라잇 존 2 – 80

클리세 1 – 82

클리세 2 – 84

아이스크림을 옮기는 북극곰 – 86

아모르파티 – 88

빨강 모자 – 90

친절하게 주(註)를 달아 주는 친절하지 않은 당신 – 92

장마주의보 – 94

트레이싱페이퍼 – 96

제5부
테드 휴즈의 아홉 가지 레시피 - 101
페이스메이커 - 104
봄비 - 106
그림자의 바깥 - 108
말하지 못한 사연 - 110
떨켜 - 112
간절의 틈새에 손가락이 끼다 - 114
개와 하모니카 - 116
어바웃 타임 - 118
고요 - 120

해설
양균원 생략과 대조의 복화술 - 122

제1부

우리는 머나먼 이국에서 온 이방인이어서

 등을 서로 등지고 다른 방향을 사랑했다 영원이라 착각했던 습관을 버리지 못하고 다른 방향을 같은 방향이라고 겨루었다

 똑같은 꽃무늬가 그려진 찻잔을 마주 놓고 똑같은 차를 우려내는 짧은 순간들이 우리를 일몰의 눈빛으로 데려왔다 은은하게 번져 가는 멀버리 향에 젖어 고단한 방향을 멀리 두고 갈라진 찻잔 틈에서 한 송이 꽃이 피기를 기다렸다

 우리는 우리가 아닌 적이 없었다 우리를 둘러싼 각진 모서리들이 팽팽하게 잡아당긴 방향을 내려놓고 찻잔 속에서 시남시남 풀어지고 서로의 입술이 묻은 꽃무늬들은 붉은 입술을 열었다 우리는 우리가 아닌 것이 아니다 벌어진 찻잔 틈에서 꽃이 피었다 꽃은 가끔 손가락을 길게 뻗어 같은 방향을 가리켰다

 우리는 머나먼 이국에서 온 이방인이어서 불가능이라는 이름표를 달지 않고 불가능으로 살았듯 아무 말을 하지 않아도 제법 시끄러울 것이다

이름이 조르바였던 조르바

　수보리여, 언젠가 이름이 조르바였던 조르바를 찾아서
　이름이 크레타였던 크레타에 갔을 때
　켜켜이 쌓아 둔 이름들이 움직일 수 없는 금강석인 줄 알았습니다
　그것은 건널 수 없는 큰 바다를 보이지 않게 건너가는
　작은 뗏목처럼 떠 있었습니다
　수보리여
　이름이 조르바여서 조르바인 이름이 어떠한 이름으로도 부를 수 있는
　하나의 이름이기 때문에, 조르바라 부른다면
　껍질처럼 떠 있는 섬과 섬 사이 셀 수 없이 떠다니는 무수한 이름들을 조르바라
　부르지 않고, 교외별전이라 부를 수 있겠습니까
　수보리여 이름이 크레타였던 크레타에서
　이름이 조르바였던 조르바가 강가강의 셀 수 없는 모래 알갱이로
　짓고 무너뜨리고 다시 짓고 또 지었다는
　금강석보다 빛나는 교외별전은 차디찬 지중해 물빛보다 깊고 푸르렀습니다
　금강이라는 이름은 무너지지 않는 이름이 아니라

무너지지 않는 교외별전이 그 이름이었습니다
수보리여 무너지지 않는 이름으로
지었다는 그것을 눈물 한 방울 흘리지 않고
뜬눈으로 다 읽었다고
감히 말할 수 있겠습니까
수보리여 나의 이름은 이름이 아니고
금강과 한편이라고 내가 나를 속인, 이름의 헐거운 그림자였습니다
수보리여 언젠가
이름이 크레타인 크레타에서
이름이 조르바인 조르바를 다시 만나
보다 많은 실패와 고뇌의 시간이 비켜 갈 수 없다는 걸 이제 알았다
감히 말할 수 있겠습니까

*보다 많은 실패와 고뇌의 시간이 비켜 갈 수 없다는 걸: 「바람의 노래」.

일방통행로

一

지난 시간을 모두 기억한다는 일방적인 말에
사랑이라 답한 적 있다
멈춘 시간 앞 버려진 낡은 기억을 뭐라 부를지 몰라
더는 네가 낯설지 않다고 에둘렀던 것

먼지 쌓인 다락방에 두고 온 시간들이 지불한
기억의 목록에는 일방통행로를 걸어온 곡절들이 빼곡했고
굽은 사연을 부러지지 않게 펴려면 일방적인 자세가 가장
옳았으므로,

기억 너머 곡절들이 유령처럼 피어오르는, 아샤라시스의
길을 걷는다

뿌연 유리창 너머 꽃무늬 양말이 덩굴처럼 걸린
양품점을 지나 빛바랜 색종이와 갈대 펜이 꽂힌 포켓수첩이
널린 문구점을 따라
드문드문 가로등이 켜지는 굽은 샛길을 걸어간다
색색의 사탕과 기름 밴 봉지에 담긴 튀김과자 더미 사이로
문 닫은 작은 주유소가 서 있고
습득물 보관소가 딸린 세놓은 점포들이 이어진다

一

흩어지는 환호성처럼
　한 떼의 사람들이 몰려다니던 골목 저편
　좌판 위에 놓인 시든 배추와 새빨간 입술을 내민 홍옥 한 알
　지난 유행어처럼 서걱서걱하고 무안한 장면들은 정말 113번지였을까
　맹랑한 거짓의 제스처처럼
　투명한 속을 숨긴 홍안의 사과가 그립다

　굽은 걸음걸이에 지나온 길을 실어 걸어가는 길
　펼 수 없는 그 길 위에서

　뒤늦은 사랑을 꺼내 든 건
　당돌하고 막된 자유처럼, 일방통행에 대한 구부러진 직설을 펴기 위함이다
　낮은 잡풀처럼 어여쁜 고독이 되기 위해서이다

*아샤라시스의 길: 발터 벤야민의 『일방통행로』 속 이미지들을 차용했음.

메노포즈

의도는 미리 짐작하지 않으려 했어요
잠깐 골몰하긴 했어요
그리고 오랫동안 외면하고 잊어버렸지요
웬걸요
그것이 암묵적 결말을 의도하는 복선이었네요
다 말라 버린 속을 후비고 파내도 아무것도 굴러 나오지 않아요
분명 무엇이었으나 쉽게 처리할 수 없던, 울력의 흔적이 사라진 자리
아무리 쓸고 닦아도 먼지 알갱이 한 알 남아 있지 않아요
늦었지만 되돌아갈 단서를 찾아야 해요

소멸은
은밀하게 다가오기도 한다지요

무심결 저녁을 따라온
해 질 녘 물안개에서 풀빛 향기가 나지 않아요

추스를 말미가 주어진다면
남아 있는 한 줌의 적막은

작은 창 너머 멀리 밀어 두고
종일 열어 둔 문을 다 닫을 거예요

그래도 미지근한 의도가 남아
닫힌 문 바깥에 걸어 두어요

잘 말라 갈 거예요

우리는 모르는 게 많아서

일단 손을 씻는다 하고 발까지 씻는다
먹을 것이 무르익어 가는 뜨거운 가을 햇살 아래
운명선이 희미한 손바닥을 가진 우리는
모르는 게 너무 많아서
다른 손바닥이 쥐고 있을 운명을 걱정한다
어쩌다 손을 씻는 그들은
시든 잎사귀에서 감자꽃이 떨어질 때마다 허기진 허리를 조금 더 숙일 뿐
혀끝이 아린 감자 맛을 잊지 않는다
덜 영근 오이밭에 떨어진 오이라는 이름을 주워 집으로 돌아가는 길
한 손을 담글 수 있는 얕은 시내가 흘러가고
엎드린 집보다 더 낮게 두른 흙담 아래
간혹 수캐 한 마리가 암캐 사이를 빙빙 돌다가 망연히 돌아가고
손을 씻지 않고도
그들은 평화로운 잠자리에 든다
파미르고원의 그늘이 키운 모든 운명선들은 가늘고 맑아
아무리 얽혀도 끊어지지 않고 잘 풀어질 거라고
타지키스탄의 운명도 그러하다고

아프가니스탄을 지척에 둔 마음과 마음은 지척보다 가깝다고
  오늘도 어제처럼
  황량한 고원에서 높은 바람이 불어오고
  단지 바람이 불어와서, 그들은 내일도 연을 날릴 수 있다
  씻지 않은 손으로 연을 날리고
  씻지 않은 발바닥을 굴리며 바람을 좇아 행복한 카이트 러너가 된다
  아직도 모르는 게 너무 많은
  우리는, 가끔 타지키스탄을 떠도는 구름 사이로
  한 점이 되어 가는 연을 그윽하게 바라보다가
  폐기물로 만든 자전거 바퀴를 돌리는 씻지 않은 까만 발바닥을
  당나귀와 이방인처럼 바라보기로 한다

  모르는 게 너무 많아서 오늘과 다른 내일이 두려운 우리는
  손을 씻는다 하고 발까지 씻는다

  더 많은 손과 발이 간절한 우리
  알고 있는 게 너무 많은 우리를 버리지 못한다

새라고 부르기

―
꿈속에 깃든 그를 새라고 부르기는 미안했다
등 뒤에는 생시처럼 뜨겁게 국밥이 끓고 있어
미안하다는 말을 잠시 접고 뜨거운 국밥을 주문했다
젖은 우산을 접듯
굽은 어깨에 야윈 살들을 구겨 넣고
침묵에 빠진 그를
새가 아닌 다른 말로 부르기는 적절하지 않아
그런데도 가을은 미처 가지 않아서
지킬 수 없는 우리의 약속을 좀 더 유예하자고
젖은 겨드랑이에서 접힌 시 한 편을 꺼냈다
막 끓여 낸 국밥에서 뜨거운 김이 피어오르고 낡은 식탁 위 얽힌 시선들은 뿌옇게 뭉개지고
눈물 같은 시가 국밥 속으로 뚝뚝 떨어졌다
접힌 시가 나긋이 허리를 펴고
후르륵 젖은 날개를 털며 처음 보는 새 한 마리가 날아올랐다

날아가는 그것은 흉조였을까 길조였을까, 처음 보는 새를 그냥 새라고 불러 보았다

―

다만 마음은 깊숙이 젖어 있어

 코끝이 까맣고 빨간 새 한 마리가 가을을 건너려 할 때
 코끝이 까맣고 빨간 새를 그냥 새라고 부를 수 있을까, 잠시 아뜩했다

새샘슈퍼

똑같은 자리 똑같은 표정 새샘슈퍼는 오늘도 이름이 새롭다
슈퍼맨처럼 믿을 수 없는
소문들만 몰래 드나든다는 작은 문틈으로
맑은 샘물이 솟아날 거라는데
새샘슈퍼를 지날 때마다 나는 목이 마르다
어제는 슈퍼 태풍이 몰고 온 폭우가 믿을 수 없이 쏟아졌는데
컴컴한 우물 속 웅크린 바닥 어딘가 채울 수 없는
커다란 싱크홀이 뚫린 것인지
먼지 묻은 유리창 너머
무너진 어깨와 어깨를 맞댄 폐허가 넘실거렸다

어느 해 봄
먼 산 뻐꾸기 울음소리 청아하게 들렸다는데
폭설 쏟아지는 깜깜한 밤이면
작은 별빛 하나 애잔한 눈빛으로 글썽이다 갔다는데

똑같은 자리 똑같은 생각, 새로운 이름
염문에 절인 기적 위로
시작하지 못한 시작들 겹겹이 쌓여 가고

찬물 같은 새벽은 오고 말 거라고

아침마다 새롭게 믿음을 약속하는 새샘슈퍼

믿는다는 건 믿을 수 없어, 믿는다고 얼버무린
지킬 수 없는 약속이 되어 가고
버리지 못한 꿈들은 다 어쩌자는 건지

들리지 않는 뻐꾸기 울음소리에 오늘도 목이 타는
새샘슈퍼, 영영 낡아 가고

노포동 두 시

一
    우리는 만나야 했어, 그날 노포동 두 시는
    삼각의 관계를 무너뜨릴 단단하게 뭉친 꼭지 같았어
    xyz가 만나 한 점을 터트리기 딱 좋은
    최초의 좌표
    꼭지와 꼭지들은 가끔 뭉치는 걸 좋아해 꼭지인 걸 잊고서 꼭지를 뭉개고
    공평무사한 관계가 되기도 하잖아
    우리는 만나야 했어
    팽팽한 삼각의 관계를 놓아 버리고 각자의 방향이 한곳으로 모이는
    하나의 좌표에 대해 모를 리 없는 우리는
    멀어질수록 빛이 될 거라고
    가까워지는 심장의 이적 앞에 반신반의하며
    삐뚤어진 왼쪽 젖꼭지에 꽁꽁 싸매 둔 썩어 가는 세 개의 심장을 아스러지게 뭉쳐
    최초를 완성해야 했어
    어느 쪽으로 기울지 않는 고요한 저울처럼, 그날 노포동 두 시는
    흔들리지 않고
一   꼼짝없이 평화로웠어

우리는 도발하지 않기 위해
머뭇거리고, 쉽게 후회하지 않으려고
늘 반성만 하고, 사랑한다고 반복하는 습관을
들키고 싶지 않아, 서툰 눈빛을 들키곤 했어
최초와 최후는 1+1처럼, 처음부터 나눌 몫이 없다는 걸
어렴풋이 알 것 같지 않니
최후라는 것은
최초가 우리 가슴에 달아 주고 달아난 절박한 훈장
잡을 수 없는 곳으로 멀리 도망가
다시 돌아오지 않는
최초가 돌아오기를 기다리고 있어
노포동 두 시에서

언더독에 얽힌 알려지지 않은 이야기

一 　일제히 무릎 꿇고 고개 숙인 낮달맞이꽃 무리 진 굴곡을 바라보네
　봄의 우듬지를 향해 끈질기게 기어오르던 안간힘을 잊지 못하는데
　무참히 무너지고도, 남아도는 꽃의 미소는 도저히
　풀 수 없는 불가사의한 난제

　수그린 꽃의 얼굴을 마주 보네
　거꾸로 박힌 세상에선 거꾸로 매달려야 다시 일어설 수 있다, 얽히고 얽히는 꽃들
　무더기무더기 엉긴 굴욕으로 숨겨 둔 이야기를 꺼내 보이네

　찢어진 어깨와 어깨를 맞대고, 꽃들은 기꺼이
　아름다운 부침(浮沈)의 풍경이 되어 가네

　거룩하게 고개 숙인 꽃의 시간 앞에
　어설픈 애도는 흔해 빠진 신파
　엉겨 붙은 꽃의 머리카락들을 가지런히 엮어 꽃다발을 만들었네
二 　무너진 무릎에 하나씩 걸어 두었네

한동안 나는
얽힌 꽃이 숨긴 이야기가 마저 궁금할 것이네
흔들리는 나의 무릎이 꽃처럼 간절한 자세를 가질 때까지

꽃의 무릎 앞에 잠시 무릎을 꿇네

거룩함이 거룩함을 마주할 때까지
깊숙이 고개 숙인 꽃들처럼
언젠가 내 앞에 무릎 꿇고 고개 숙인 당신에게

전하지 못한 말이 떠올랐네

문 앞에 선 죽음이 성급한 초인종을 울리기 전
죽음보다 빠르게
남은 생을 향해 무릎 꿇고 고개 숙일 수 있다고

한순간에 핀 꽃들이 한순간에 지고, 또 저리 지려 한다고

차귀(遮歸)

一

  돌아와야 한다면 건너지 마라

  짙푸른 바다 건너 차귀로 간다는 건, 다시 돌아오지 않겠다는
  오랜 예감을 지키는 약속

  다시 돌아와야 한다면 건너지 마라
  구멍 난 헌 옷처럼 벗어던진 육신에 영혼은 이제 머물지 않아

  그리하여 후회할 것이 아직 남았다면
  돌이킬 수 없는 금기가 된 사랑조차 되돌아올 수 없는 거기
  차귀로 떠나가라

  빈둥거리며 찾아오는 아침이라는, 그럴듯한 우울과
  데일 듯 뜨거운 모랫길을 걸어온, 발바닥에 박힌 붉은 통증과
  숱한 자책과 불가능한 소망들이 아픈 어깨를 짓누르던
  비루한 불면과의 동거를 끝내기 위해

一

눈멀도록 짙푸른 바다 건너, 차귀로 떠나가 보라

제 이름을 묻어 두고 떠나는 것들은
짧은 바람과 긴 햇살이 짓다 만 이름을 쉽게 잊지 못한다

잊어서는 안 되는 모든 것조차 흘러가듯 잊히는, 거기

익숙한 권태와 애절한 맹세가 지나간 자리
어김없이 꽃들은 또 피어나고
수없이 다시 지고 피어도

차귀의 꽃들은 고스란히 처음일 뿐이다

허공을 돌고 도는 영혼 따위 부럽지 않아

다시 돌아와야 한다면, 건너지 마라

차귀의 벼랑 끝에 걸린 아름다운 낙담들, 시누대 시린 잎새 사이 초록이 눈부시다

제2부

비 온 뒤 첫 소금

비가 오지 않아 비를 기다렸다 기다리는 내내

비는 오지 않았다

기다린다는 것과 오지 않는다는 것은 어김없는
약속에 대한 약속된 기억들

네가 보낸 소금 상자를 잊고
허튼 뼈와 뼈 사이를 간간하게 적셔 줄 모든 약속을 잊고
잊어버린 기억에 종일 물을 주었다

하얗게 말라붙은 처음을 잊고
다음을 약속하느라
말라 버린 마른 꽃처럼 기다리는 내내 비를 기다렸다

기다리는 내내 비는 오지 않았고

죽은 나뭇가지 마디에서
비 온 뒤 첫 소금처럼 하얗게 잊힌 처음이 피었다

자몽주스를 좋아하지 자몽을 좋아하지 않아

아침이 오지 않기를 기도한 적 있니
형체를 알아볼 수 없게 으스러진 것 앞에
기억나지 않는 아침의 온유함을 건져 올려야 할 때
나는 자몽주스를 마셔
쓰디쓴 밤의 껍질이 웅얼웅얼 부드럽게 엉긴 알맹이로 몸 바꾸는 아침
내가 아닌 것 같은 나를 마시듯 자몽주스를 마셔
서슬 푸른 밤이 물어뜯은 아침의 뒷목에는 혹독한 진통의 잔해들
여린 노랑 무늬 햇살로도 지울 수 없을 때
혀끝이 툭툭 갈라지도록 자몽주스를 마셔
결별의 팬터마임처럼
자몽주스는 껍질이 드러나지 않게 동그랗게 등을 말고 부드럽게 넘어가지
무엇과 무엇이 변한다는 건 무엇과 무엇의 처음이 달라서야
처음부터 그것은 그것이었고
이제 이것은 이것이라는 비겁한 전제를 달고 시작하는 것이야
서서히 변하든, 불현듯 변하든
변한다는 것이 몸과 마음의 문제인 줄 알았는데 곰곰 견

디다 보니
　　껍질과 알맹이를 오가는 일관성이 문제였어
　　알맹이로 변해 가는 아침에도 변하지 않는
　　밤의 혹독한 껍질 같은
　　하나로 이어질 수 없는 것을 억지로 이어 붙인
　　변신인지 변심인지
　　폭압의 껍질을 벗어 던지겠다 하고
　　결코 벗지 않는
　　이즈음 아침이 그래
　　변하지 않는 척 변해 가는 겨울 층꽃나무처럼
　　말라 바스러져 다시 꽃 피겠다는
　　명쾌한 결론을 매달고
　　꽃을 닫는 순간에도 꽃들은 변하지 않아
　　얇은 햇살 한 조각 걸치고
　　아침과 헤어지려 해
　　시들지 않고 천천히 껍질이 되어 가는 겨울꽃처럼,
　　자몽 같아도
　　자몽이 아닌 자몽주스를 마셔

징조

밤하늘이 하얗게 빛나는 꿈을 꾸었어요
하얗게 빛나는 밤은 징조일까요
실어증을 사랑하는 당신에게 비밀스럽게 물어요
당신은 수많은 징조들을 삼키지 않고 혀끝으로 굴리고 있군요
당신의 그것은 햇빛에 달군 조약돌처럼 뜨겁고 둥글고 매끄러워요
해진 끈만 남기고 잃어버린 운동화 한 짝과
유년의 다락방에 두고 온 짧은 낮잠과
삼키지 않는 법을 연습하다 삼켜 버린 색색의 눈깔사탕처럼
끝내 내 것이 아니었던
그 모두를 삼키지 않고 너무 오래 물고 있어요
어제는 눈부신 웨딩드레스를 입고 버진로드에 서 있던 죽은 언니와
파르스름한 감촉이 생생하던 아버지의 턱수염과
언니보다 먼저 죽은 엄마의 불안한 시선들이
잡담처럼 헝클어지는 꿈을 꾸었어요
바다 아래 깊숙이 허리를 담근 소나무 수피에
겹겹이 피어나는 소금꽃처럼
감춘 것을 우려내는 상처들은 징조인 걸까요

하얗게 별이 빛나는 밤
끝이 보이지 않는 버진로드를 덮은
죽은 언니의 살아 있는 웨딩드레스처럼,

이미 시든 찻잎에도 상처를 내면 더 짙푸른 향기가 난다
지요

묵비권

거꾸로 매달린 저 남자
그날의 장면 속으로 뛰어들었다

터질 듯 앙다문 입술은 아무래도 열리지 않을 것이다

유년의 골목 끝에 내걸린 비명
피다 만 꽃을 움켜쥔 핏빛 몽둥이
귀 막고 눈감아 버린 낡은 전봇대
숨어서 숨죽인 나
짐승의 흰자위에 비친 골목
거꾸로 매달린,
인버전 기구에 터질 듯 붉게 걸린 저 남자
통속이 된 익숙한 풍경처럼
핏빛 꽃이 만발했던 그날을 다시 건져 올리는 저 남자
주독 오른 붉은 코 허물어진 입술
어쩌자고 버티는 것일까

할 말 잃은 전봇대 손을 잡고
두 눈 꼭 감고 있었을 뿐, 나는 죄 없어요
죽음 앞의 주검을 끝까지 외면했을 뿐

다시 돌아가도 어쩌지 못해요
매달린 꽃이 지는 이유처럼, 아무 죄 없어요

벌써 지고 없는 그날
봄날 같은 복날이었을까, 복날 같은
봄날이었을까

뻔한 것을 뻔하지 않다고 믿기 위해
무더기무더기 핀 꽃들이 한꺼번에 지고 있다

나바위길

一   그랬지, 그랬었구나
하늘이 웃는다
하늘을 기억하는 모두
하늘색을 닮은 목젖을 드러내고 웃고 있다

낮게 엎드린 교회의 첨탑이 날아간다
교회 마당을 지키던 은행나무가 날아간다
나무 위에 앉았던 새들이 날아간다
나무 십자가가 날아간다
하늘 아래 하늘 아니었던 것들이 하늘 속으로 날아간다
하늘 바깥을 떠돌다 온 푸른 심장들
먼 성층권 너머로 날아간다
구름을 뚫고 날아가는 것 뒤로
은빛 날개를 펴고 비행기가 날아오른다
남쪽일까 북쪽일까
날아가는 방향들은 날아가는 날개 위에서 날아갈 방향에 대해 골몰하다
어디론가 날아간다

二   처음 보는 구름들이 손가락을 모은다

움켜쥔 열 개의 손가락을 펴서
어설픈 성호를 긋는다

한 번도 쓰지 않고 움켜쥔
방향마저 버리면

우리는, 한꺼번에 성지

봄눈

—

흔적이 사라진 것은, 이후의 일

불완전한 은둔을 꿈꾼 것은 그 이후, 이전의 일

이전과 이후의 보이지 않는 틈새를 비집고 완전한 망각이 찾아왔다

까무룩 잊은 그가 나를 바라본다, 그리고

모두 한때는 어떤 흔적이었다고 흔적 없는 침묵을 믿으라 한다

시간을 거꾸로 파내 그가 숨긴 흔적을 샅샅이 뒤진다

하얗게 펼친 무명 홑청 이불 위에
긴 머리카락 한 올 슬쩍 흘려 두고

열 개의 발가락을 가진
세상의 모든 머리카락들은 보이지 않는다

—

뽀얗게 널린 이불자락 어딘가
고장 난 암호들이 흔들린다

흔들리는 것에 숨어 흔적이었던 그가 흔적 없이 흔들린다

백 일을 따라 흔들리면 볼 수 있을까

뒤집힌 거짓의 손등

비둘기의 시간

앞만 보고 걸어가는 어제가 있다
앞은 조만간 뒤가 될 거라고 앞만 보며 걷는다
어제의 생각은 똑같다
삐거덕거리는 현재진행형 비가 함께 걸어가면 좋겠다는 것
앞과 뒤를 말없이 지지한 건 너그러운 현재뿐이니까 진행형은 가장 푸근하니까
삐거덕거림은 가장 익숙한 부끄러움이니까

비에 흠뻑 젖어
한 떼의 어제들이 앞만 보고 걸어간다
비루해진 시간의 뒷덜미를 이고 지고 씰룩씰룩, 앞서거니 뒤서거니
앞만 보며 뒤뚱뒤뚱 걸어간다
모든 삐거덕거림은 최초의 삐거덕거림을 외면했기 때문이야
앞과 뒤를 너무 자주 바꾸었기 때문이야
뒤돌아보기 다소 늦었을 뿐, 무엇을 사과해야 할 과실이라는 건지
불찰이 저지른 불행이라는 건지, 앞과 뒤는 뒤와 앞을 가졌다는 똑같은 이유인데

다만 현재진행형의 비가 더 내려 준다면 오래 씻지 않은 목덜미를
　　깨끗이 헹구며 갈 텐데
　　주름진 잿빛 목덜미에 욱여넣은 오열이 구구구구 쏟아진다

　　더할 수 없는 비애 같은, 그것
　　뒤를 위해 한때가 남긴, 버릴 수 없어 이고 가는
　　남루한 예시 같은 것

　　뒤돌아보는 척하면 더 멀쩡한 척 걸을 수 있을까
　　점점 뒤뚱거리는 결심들
　　그것이 왜 실수라는 건지, 실패라는 건지, 실행하지 못한
　　아직은 잠정적인 결론일 뿐

　　어제를 놓친 오늘이 내일과 똑같지 않아도 좋겠다
　　삐거덕거리는 진행형의 비가 그만 내려도 좋겠다

　　삐거덕거림이 삐거덕거림을 돌아본다
　　부끄러움이 부끄러움을 돌아본다

문신과 타투

 콕 짚어 아는 척하기 어려운 게 많아
 문신과 타투처럼
 설명할수록 설명이 필요 없는 것을 설명해야 할 때 화가 나
따지듯 파고들면 알 것 같아 얼굴만 보다가
 문득 무안해지는 지점, 모든 걸 처음으로 돌려 버려야 하는
그런 지점
 문신과 타투처럼
 보이지 않는 바로 눈앞에 아주 짧고 속 좁은 간극이 있다고
상상해
 그것이 깊은 수렁은 아니라고 무시하고 그냥 지나치는 것이
 너와 화해할 수 있는 가장 적절한 방법이 아닐까
 꽤 그럴듯하지 않니
 틀린 그림 찾기는 같은 그림 찾기도 되잖아
 시간의 속살을 모조리 발라먹고 빈손으로 도망가야 할 때
 흔적이 두고 간 흔적을 훈장이라 둘러치고 싶을 때
 가깝지도 멀지도 않은 이웃에게 하염없이 웃어 주어야 할 때
 내가 나를 패고 싶을 때
 그러려니 얼버무려야 하는 것들과 결코 한편이 될 수는
없다고
 나를 설득하는 편이 가장 쉬웠어

문신과 타투처럼,
간극 아닌 간극을 언제까지 사랑할 수 있을까

재지 않아도 거기서 거기인
콕 짚어 아는 척하기 곤란해도 너무 잘 아는 척해야 하는
그런 것들이 왜 자꾸 늘어나는지 몰라

낡은 양말

—

짙은 살냄새를 베고 누웠다

남루해진 동서남북이 구겨진 장면을 풀어 내린다

그윽한 것,

무심히 벼려 놓은 의외의 시선 같은 것,

그늘진 변방의 무릎에 기대어 혼곤히 잠든,

허락된 한 쌍의 평화가 비로소 서로를 마주하고 누웠다

지나온 여정은 너무 길었고

구겨진 무례함은

가장 낮은 걸음이 얻어 낸 쪽잠 같은 덤, 어쩌다

너무 흔한 꽃의 축사 같은 것

—

얼마나 남았을까

시든 풀잎처럼 숨 고를 수 있는 시간

헐렁해진 심장이 마지막 출정을 떠나는

지금은, 아득한 변방

가장 낮은 자세는 아직 옳다

이름이 바다였던 바다

창구 데스크에 쌓인 껍데기 속에 죽어 가는 바다가 있었다 다 써 버린 다이어리 속에도 벽에 걸린 지루한 오후 네 시에도 있었다 풀어헤친 넥타이 페이즐리 무늬에도 초점 흐린 안경알 너머에도 있었다

쓰고 버린 이름들은 파도처럼 밀려왔다 쓸려 가며 껍데기가 되어 갔다 바다는 껍데기와 한편이었다

이름이 바다였던 바다가 있었다 바다의 시작은 바다였다 바다를 모르는 사람들이 바다를 부를 때, 바다는 넓고 깊어 바다를 꿈꾼 죄를 말하지 않았다 컴컴한 파란과 걷잡을 수 없는 애증과 막막한 지루함에 대해 말하지 않았다 침묵은 거부할 수 없는 사랑이라고 운명처럼 지루하게 바다를 사랑했다 바다는 곡진한 믿음이었다

가끔 이름과 이름이 부딪쳐 거품 같은 물보라가 일었다 이름의 등껍질을 뚫고 나온 물빛 파탄들이 사방으로 흩어졌다 비릿한 핏빛의 파편들은 한동안 바다의 이름을 대신했다 바다는 오래 절뚝이며 걸어온 이름이었다

바다는 바다 아닌 누구에게도 바다라고 부르지 않았다 감히

바다보다 앞설 이름은 없었으므로, 바다라는 이름표를 단 이름은 어떤 이름도 밀칠 수 있다는 맹목의 신념에 몰두했다 가끔 바다는 이름과 한편이 아니었다

 바다는 사람들이 바다의 이름을 좋아하는지 궁금하지 않았다 바다를 모르는 이들이 시퍼런 가슴의 멍을 바다라고 쑤군댈 때 한 무리의 이름들이 밀물처럼 밀려왔다 썰물처럼 쓸려 가곤 했다 쓰지 않고 버리거나 잃어버린 이름들은 껍질만 남아 먼바다를 떠다녔다 이름의 껍질 위에 아스라한 저녁 어스름이 내려앉았다

 바다가 눈부시게 따가운 것은

 어느 해 늦겨울 햇살이
 이름이 바다였던 바다를 기억하는 이름이 되어 떠돌기 때문이다

제3부

반전

한빛병원 영안실 101호

높다랗게 앉은 네가
웃음기 없는 나를 내려다보며 웃는다

눈싸움을 멈추자 하고 다시 눈싸움을 걸어오며 웃는다

지금 네 웃음에는
내가 지운 너무 많은 빚이 눈부신 빛으로 빛나고 있어
구석진 슬픔이 환해진다

네 웃음 앞에
내가 우긴 말들은 빈말이 되어 버리고

죽어라 따라 웃어도 나는

침묵으로 기룬 너의 웃음을 이기지 못한다

바람의 기억

一
그날 바람은 어디에도 머물지 않으려 했다
긴 동면을 끝낸 햇살이 바람의 보폭을 한껏 부풀려 신바람 난 세상
더할 나위 없이 설레고 자유로웠다
가파른 언덕을 따라 바람의 길이 활짝 열렸다
혹독한 계절을 견디고 살아남은 것들은 북풍의 폭압을 벌써 잊고
쏟아지는 햇살 아래 힘을 빼고 엎드려 있었다
그 집 뒤를 스치듯 지날 때
낡은 줄에 매달려 흔들리는 것이 응달에 얼어붙은 빨래라고 생각했다
딱딱하게 굳은 사내의 아랫도리에 발목이 접질린 바람은 걸음을 멈추고
흔들리는 사내를 곰곰 들여다보았다
사내를 다녀간 뜬소문을 귀담아듣는 바람의 자세가 한없이 진지했다
봄볕이 함께 귀 기울여 주었다
움푹 팬 눈자위 녹기 시작한 얼음이 눈물처럼 흘러내렸다
바람은
二
깃털 같은 꺼풀을 한 겹씩 벗겨 사내의 눈물을 닦아 주었다

목에 걸린 줄을 부드럽게 풀고
바람보다 가벼운 사내를 뉘어 긴 날숨으로 친친 돌려 감았다
사내는 바람이 되어
길고 긴 소문의 바깥으로 걸어 나갔다
낮은 지붕 아래 쌓인 재활용될 수 없는 미련들이 사내를 따라 먼 길을 나섰다
묵은 쓸쓸함과 찌꺼기 같은 고요가 남은 자리
기억으로 그린 바람의 전설

먼 바깥을 수없이 떠돌다가
쉼 없이 변주되다가
오거리 교차로를 돌고 돌아와

닫힌 대문 앞
가을의 여윈 등에 기대어 말라 가는,

늦은 아침
떡갈잎 수국 잎사귀가 어제보다 붉었다

거울 앞에서

一 손바닥을 뒤집는다
갑자기 손등이 된 손바닥
어딘가 두고 잊은 오래된 바깥이 훅 치고 들어온다
불현듯 생각난 것이고, 아주
가까스로 일어난 일이다
뒤에서 앞을 밀치고 들어와 곁이 되어 주겠다 고집하던 것
묘하게 변한 눈빛을 던진다
안이 된 바깥, 아직은 착하다

안이 되기 위해 바깥은
오래전 내가 유기한 어둠을 삼키지 않고 신물 나게 물고 있었다고
컴컴한 눈알을 슬쩍 꺼내 보이려다 바로 감춘다
지겹다, 되풀이되는 유혹들
싫증 난 것은 던져 버려야지, 손등을 뒤집는다
손바닥은 다시 손바닥으로 돌아온다
더 먼 울타리 너머
다시 바깥이 된 안, 대놓고 뻔뻔하다
겹겹이 두른 울타리마다 번쩍이는 금줄을 건다
二 도로 데려다 놓아도 도로 돌아가는

안이 될 수 없는 바깥
뒤집고 뒤집히고, 들어오고 나가고, 치고 걷고
어지러운 궤적을 그리며
정체를 알 수 없는 줄을 줄줄이 걸고 있다
거부와 수긍의 강요에 빠진
숨긴 욕망을 드러낸 손바닥과 손등이었던 것
쉬운 운명은 아니다

어쩌다 운명을 벗어던진 선 하나가
아무도 넘지 못한 금줄을 밟고 넘어설 때가 있다

아슬아슬한 경계 위에서
넌출넌출 흔들리며
소란스럽게 부서지고 산란하는
실시간으로
얽히고설키는 운명들

한번은 도저해질 수 있을 것인가

화양연화

一   녹슨 바늘귀에 짧은 실을 바투 걸어 시작도 매듭도 지을 수 없는 일
  허튼 매듭을 지어도
  아무 일도 일어나지 않는 일

  뭉개진 바늘 끝에서 명주보다 가늘고 여린 귀가 소슬하게 돋는다

  시든 꽃의 파편을 모아 무너진 폐사지를 그리는 일이 그렇다

  매듭짓지 못한 꽃들을 모두 버리고 온 저녁
  냄비 바닥에 눌어붙은 꽃의 흔적을 박박 긁어 펄펄 끓인다

  여기에서 지는 일은 거기에서 피는 일

  노을에 붉게 젖지 않고
  서쪽을 사랑하게 되는 일이 그렇다

二   피다 만 꽃잎 하나가 피려던 기억마저 잊고 갸우뚱 고개를

숙인다

꽃을 지난 시간이 꽃을 지키는 일이 그렇다

씹고 물어뜯기 딱 좋은

어설프게 얼버무린 어중간한 것들이 득실대는 상자가 있다

어쩌다 시가 되겠다는
씹고 물어뜯기 딱 좋은 것들이 와글거린다

한물간 진심을 뭉쳐 실패를 얼버무리기 적절한 말
어쩌다, 만큼
걸출한 변명이 있을까

앞을 다투느라 늘 시끄러운 고독들
걸출하지 않은 걸출함을 키 재기 하느라 점점 목소리가 커진다
비극 같지만 비극도 되지 못한, 야반도주한 치정의 다른 이름들
시가 되지 못할 시는 없다 목청을 높인다

통 속을 벗어나는 순간 서로 모른 척하는 통속들
쉽고 편리해서 씹고 물어뜯기 딱 좋은 것들
눈치껏 빠르게 통 속을 빠져나갈 묘수를 궁리 중이다

눈치껏, 만큼
쉽고 편리해서 씹고 물어뜯기 딱 좋은 배반은 없다

머지않아 상자 속에는
어설프게 얼버무린 어중간한 배반이 눈치 없이 와글거릴 것이다

어설프게 얼버무린 어중간한 배반들이 득실거리는 상자 속에 숨어들어
눈치껏 배반의 눈짓을 훔치려다

너무 잘 알고 있는 눈과

눈이 마주쳤다

눈치껏 씹고 물어뜯기 딱 좋은, 그것

퀼트

내 살과 뼈는 고집이 너무 세
감치고 감추어도 삐져나와

수습하지 못한 살과 뼈들이 여자의 등을 따라 완강하게
솟구친다

드러난 것을 감쪽같이 감출 수 있을까

감치는 것이 살과 뼈를 감추는 최선인지 뼈에게 묻는다

의심하는 바늘의 귀를 가느다란 눈짓에 걸고 여자는
뼈 있는 답을 궁리한다

거짓말처럼 첫눈이 내리면
꽁꽁 묻어 둔 시린 상처에서 핏빛 꽃이 피기를 기다려

바늘귀를 뚫고 나온 뾰족한 햇살이 여자의 심장을 꿰뚫는다
오래전 젊은 엄마의 몸을 꿰뚫고 나온
여자가 젊은 엄마의 매듭을 품었을 때처럼, 젊은 여자의
몸을 꿰뚫고 나온

어린 몸이 젊은 여자의 매듭을 품었을 때처럼
 매듭과 매듭은 서로의 몸을 꿰뚫어 풀리지 않는 매듭이 된다

 시작과 끝이 이렇게 일관적인 것이 또 있을까

 꿰뚫고 꿰뚫린 것들은 나긋하고 다정하다

 짧은 시간을 꿰어 매듭을 짓는 일
 시간을 감쳐
 묵은 상처를 감추는 일
 서로의 심장에 심장을 묻는 일이다

엎드린 말

안녕하세요 저는 38세의 남자입니다 배운게 없어서 노가다로 하루하루 살아가는데 몸이 약해 일주일에 2틀 정도밖에 일을 못해 겨우 노숙자는 돼지 않고 고시원에서 살아가는 중입니다 그런데 저번주부터 몸살 감기가 너무 심해서 일을 하지 못해 어제부터 굶고 있었습니다 오늘 겨우 일어나 일을 나가려고 하니 차비가 없어 어찌할 바를 모르고 있습니다 몸상태라도 좋으면 걸어서라도 가겠는데 너무 힘이 듭니다 제발 좀 도와주세요 누가 제발 3천원만 빌려주십시오 부탁드립니다 계좌는 아무은행 09090909 입니다 제발 좀 부탁드립니다

  엎드린 말이 굳어진 각을 억지로 펴며 구르기 시작한다
구르는 것이 가장
  비굴하지 않은 굴종이므로,
  비장한 입김을 뿜어 굳은 말의 각도를 궁글린다

  얼어붙은 입술을 찢고
  토설하지 못해 말라붙은 고해가 튀어나온다

  아스팔트 도로 오래된 틈새에 걸려
  한 걸음 더 구르지 못하고 멈추어 선

고해 같은 고백들

천년을 굶주린 성자처럼

다시 엎드려
더 깊숙이 허기의 각도를 굽힌다
굳은살 박인 뒤꿈치까지

낡은 주머니 속에서 빠져나온 극한의 허기가
고스란히 드러날 수 있게

엎드린 말은
엎드린 각도가 숨긴 값을 모르는 척

온몸으로 익힌
가장 남루한 생의 각을 생각한다

목요일의 일과

― 삐져나오는 머리카락이 문제였어요
머리카락 때문에 목요일 아침이면 마스크를 사러 가요

마스크를 사러 가며 나는
챙이 넓고 깊은 모자를 원해요

눈빛이 서늘한 당신은 마스크가 너무 잘 어울리는군요
당신은 멋진 눈동자가 문제였군요

줄 서지 않고 마스크를 살 수 있다면
목요일 아침이 아니어도 마스크를 살 수 있다면
가릴 수 없는 눈빛 때문에 마스크를 사러 가는 당신이 안경을 사고
마스크를 사러 가는 내가
활짝 열린 창이 달린 모자를 살 수 있을까요

가릴 수 없는 당신의 눈빛과
감출 수 없는 나의 머리카락처럼

― 목요일의 일과를 없던 일로 되돌릴 수 있을까요

세상의 모든 줄서기에 끼어들고 싶은 욕망처럼
하루의 부피부터 짐작하는 버릇이 생겼어요
목요일의 일과는 미처 완성되지 않아
욕망과 버릇의 관계를 예측하기는 힘들어요

먼저 우리가 만든 관계들이 거룩해지기를 기도해요

예측과 기도는
붉은부리바다새의 일과처럼, 한꺼번에 한일자를 그리며
날아가요

가끔 없던 일이 되기도 해요

곰소

─

　곰소의 하루는 해가 수평선보다 더 빠르게 바다를 껴안을 때 끝납니다

　막장을 떠돌다 온 사내는 거친 바다를 골라 홀로 흘러왔다 합니다

　비틀거리는 해를 감당할 수 없을 때 바다는 해보다 먼저 붉게 취해 버립니다

　멈칫 뒤로 나앉던 수평선이 벌떡 일어나 뜨겁게 엉긴 바다와 해를 식혀 줍니다

　짧은 장면입니다

　짧은 막장은 끝까지 지루하지 않습니다

　아무도 눈치채지 못한 장면을 나만 보았을지 모릅니다

　어쩌다 사내도 보았을 터입니다

─

아랫입술이 무척 무거운 그 사내

곰소의 수평선 한 귀퉁이를 헐어 돌처럼 다진 소금으로 구들을 놓고

뜨거운 햇살을 엮은 지붕 아래 마지막 토굴을 지었습니다

막장은 불현듯 일어나 짧게 바다로 스며드는 순간의 일입니다

곰소의 소금 맛이 맵고 짜고 달콤한 것은 짧게 얽힌 엔딩 때문입니다

미담

제비는 돌아오지 않았다

박 씨가 키운 미담이 씨알도 먹히지 않는 세상을 벌써 알아차린 제비는
부러진 다리보다 더 상심한 날개를 버리기로 했다

날개를 가진 것이 날지 않을 때 날개는 마지막 미담이 된다

그날 엄마는 망가진 날개를 펴려 했다 죽어 가는 제비처럼 어깻죽지에 감춰 둔 날개를 펴기 위해 마지막 힘을 모으고 있었다 깃털이 고스란히 빠져나간 마른 등뼈에서 묵은 상흔들이 등고선을 그리며 서서히 흘러나왔다
부동시가 일으킨 착시였을까 오랫동안 엄마를 힘들게 한 날개가 정말 있었을까

날지 않기 위해 마지막까지 숨겨 둔 날개는 미담을 배신한다

그날 시취를 맡은 개미들이 새까맣게 몰려왔다 개미는 떨어지는 날개의 부스러기로 잘록한 허리를 채웠다 끊어질 듯

끊어지지 않는 허리가 자꾸 잘록해졌다 허기로 묶은 허리에 개미는 어떤 날개를 달려 했던 것일까

  날개가 없는 것들이 날개를 단다는 것은 기이한 미담이다

  개미부터 죽이기로 했다 개미를 죽이는 것은 돌아오지 않는 제비를 기다리지 않겠다는 약속이고 배신한 엄마를 미워하지 않겠다는 작심이다 날개에 대한 짤막한 애도이고 애도는 하나뿐인 나의 미담이다

  기다림과 미움은 끊어질 듯 끊어지지 않았고 날개에 대한 나의 애도는 너무 쉽게 끊어졌다

  다행히 겨드랑이 아래 미담의 껍데기들이 거짓말처럼 사라졌다

제4부

트와일라잇 존 1

해거름에 본 어제 꽃이 그랬습니다
가까운 거리부터 재는 습관을 길들이는 중이야
머나먼 심연에 닿기 위해 눈을 감아
깊숙이 숨을 들이마시고
아래로 아래로 내려가고 있어
가까운 거리는 어디까지니
참지 못해 묻고 또 묻습니다
눈인사만 쨍하게 던지고 잠잠한 꽃
가까운 거리를 재려면 눈인사만큼 적절한 것이 없어
실눈으로 꽃을 따라 합니다
늘 같은 자리에서
내일의 운명이 달라지기를 기다리는
못된 오늘처럼
똑같은 내일을 되풀이합니다
캄캄한 미혹입니다
푸른 칠이 벗겨진 네 빗장을 열어도 되니, 녹슨 내 귀를 거기 대어도 되니
너의 아래는 아직도 내게 너무 먼 곳
빠르고 느린 시간의 경계
멀고 가까운 거리의 경계가 모두 사라진

一
   내가 모르는 세상이 있기는 한 거니
   꽃은 제 몸을 뚫고 내려가는 눈인사를 길게 설명하지 않습니다
   짧은 눈인사가 가장 긴 꽃의 말입니다
   불가침의 거리를 잴 수 없는 눈인사는 자꾸 길어지고
   꽃은 멀어집니다
   쓸데없는 물음은 덩달아 길어질 것입니다
   오늘 아침 미지의 혹한을 뚫고
   어제 핀 꽃 한 송이가 스러졌습니다
   가까운 곳에 닿지 못한 내 눈인사 때문입니다
   꽃의 목에 걸린 무너진 빗장을 열고 꽃이 남긴 신탁을 꺼내 읽습니다
   지난 꽃과 아직 오직 않은 꽃의 틈새 거기
   아래의 아래라는 미지
   명랑하게 잔뿌리를 내린 오늘이 있습니다
   문득 환하고
   불현듯 어두운 그것
   어제보다 더 꽃처럼 피기도 합니다
   한때 꽃이었거나
一
   꽃인 척하던, 꽃 아닌 꽃들을

당분간 꽃이라고 부르겠습니다
끝없는 유예의 시공을 떠다니다 어디에도 닿지 못한
나의 미지를 닮았습니다
길게 설명하지 않겠습니다
꽃처럼 살겠습니다

*트와일라잇 존(twilight zone): 수심 30-150m 사이 중광층.

트와일라잇 존 2

누덕누덕 기운 순간들이 한 자 한 자 돌올하게 솟아오릅니다
방금 당신이 완성한 문장을 손바닥으로 어루만집니다
숨어 있던 날 선 매듭 한 톨에 새끼손가락을 베이고 말았습니다
얼기설기 기워 두고 묻어 버린 한때의 사무친 마음이었을까요
붉은 징조들이 쏟아집니다
잠시 머문 생의 어느 무렵이 보낸 알림일까요
따갑고 아린 선홍빛 아우성입니다
당신의 문장은 아름다웠던 그날로 되돌아가는 입구인 줄 알았는데요
꽁꽁 묶인 금기들이 풀려나는 찬란한 출구였습니다
고백보다 고해를 불신하는 버릇 때문에 미처 끝내지 못한 나의 문장은
어느 곳에 홀로 멈추어 서 있을까요
서쪽 하늘이 붉어집니다
미룰 수 없는 순간이 오고 말았는데요
매듭짓지 못한 문장에 매달린
어수선한 실밥을 수런수런 걷어 냅니다

괘종시계의 긴 울림처럼 천천히
강물처럼 끝 모를
오랜 완결을 꿈꾸었습니다

흉내 낼 수 없는
당신의 방언은 끝내 따라 하지 못했습니다

클리세 1

엄마의 부엌

언제나 개미들이 먼저 도착한다
개미들은 이전의 문지방 냄새를 기억하고 있다
낡은 군내를 핥고
한쪽이 닳아 버린 부뚜막을 핥고 노랗게 찌든 냄비를 핥는다
찌그러진 양은그릇을 감싼
기우뚱한 햇살의 단내를 핥고 통째 부엌을 핥아 먹는다
새벽 해가 떠오를 무렵 노랗게 부엌을 토해 내는
개미들의 꽁무니에서
닳고 닳은 문지방이 흘러나오고
거무스름하게 그을린 냄비의 아랫도리가 흘러나오고
기울어진 부뚜막이 흘러나온다
흘러나온 것들은 줄줄줄 줄지어 문지방을 넘어간다
문지방을 넘거나 넘지 않거나
줄과 줄은 벽을 짚고 일어선다 긴 강이 된다
빈틈이 모두 사라진다

딸의 키친

일회용 레시피로 일회용 밥을 짓는다
일회용 밥에서
일회용 뜨거움이 피어오른다
일회용 주전자 속에
일회용 커피를 털어 넣고 일회용 커피 향을 우려내
일회용 컵에 일회용 하루를 따라 마신다
일회용 고무장갑을 끼고
일회용 키친을 헹군다
일회용 쓰레기봉투에
일회용 키친을 몽땅 쓸어 구겨 넣는다
일회용을 버린 키친은 키친이 아니다
일회용의 키친과
일회용의 하루는
일회용 쿠폰으로 꽁꽁 묶여
딱 한 번 버려진다

클리셰 2

— **사방연속무늬 벽지**

　어지러운 열기가 머릿속을 뜨겁게 끓여 대요
　쭈뼛 뻗친 머리카락 끝에서 검게 탄 히스테리가 빠져나와요
　당신은 혈관에 너무 많은 항히스타민제를 풀었군요
　선병질의 무늬는 가만히 있지 않아요
　사방으로 마구 퍼져요
　루머처럼 솔깃한 무늬를 그리며 무섭게 불어나요
　빙빙 돌아가는 현기증을 참을 자신이 없다면 미리 두 눈을 질끈 감는 편이 나아요
　돌아가는 속도보다 빠르게 지고 마는 처음 보는 꽃들을 상상해요
　아주 짧은 순간 괜찮을 거예요

꽃무늬 벽지

　심심한 아침 밍밍한 스프는 시들해요
　아무 일도 일어나지 않는 지루한 평화처럼
　똑같은 자리에서 피고 지는 하루를 외면하려고
— 　무심한 정오 뜨거운 햇살 아래 무늬 없는 꽃씨를 파종했어요

꽃의 말로 아침을 시작하고 꽃의 기울기로 잠들고 싶었거든요
　무늬 없는 씨앗에서 말을 잊은 꽃이 피기를 기다려요
　끝내 아무 일도 일어나지 않는 봄날
　차라리 짧게 아프거나 눈물 나게 화내고 싶어요

민무늬 벽지

하얗게 타 버린
당신의 등처럼
억지로 미간에 힘주지 않아도 훤히 보이는 세상이 있어요
감춘 것을 드러내기 위해 어둠은 필요해요
습관이 되어 가는
서로의 외면을 사랑하기 위해
당신이 등 뒤에 숨긴
어둠의 백서를 찾아 읽어요
어둠이 그린 무늬는 어둠 속에서 가장 잘 보여요

아이스크림을 옮기는 북극곰

一 북극곰이 아이스크림 가게를 연다는 풍문이 돌았다

바닥이 드러난 아이스버그에서 구멍 난 울음이 새 나오고
아이스버그가 싸락눈처럼 남아 있을 때
북극곰은 무사히 아이스크림 가게를 열 수 있을까

잠들 수 없어 아이스크림 가게를 찾아다닌다는 북극곰
엉덩이의 볼륨은 사라진 지 오래
빙하의 계절을 헤엄치던 물고기 사냥법을 다 잊었다는데
축축해진 아이스버그 아랫도리를 타고 흘러내린 얼음물에서
썩은 물고기 냄새가 난다는데

해빙은 농담 같은 유행어가 되고
빙하의 시장은 파시를 앞두고 있다는데
북극은 여전히 북극이어서
차가운 별빛이 내리는 밤이 더 아름답다는데

아이스크림을 머리에 이고 걸어가는 북극곰은 언제까지 행복할 수 있을까
二

북극이 아직도 북극인 것은
　꽁꽁 얼어붙은 행복한 기억이 구멍 난 북극의 바닥을 메우고 있어서다

　살아 있는 물고기를 사기 위해 아이스크림을 팔아야 하는 북극곰
　질척거리는 무거운 허기를 덮고 쪽잠에 빠진다
　녹아 가는 빙벽에 매달린 북극의 꿈을 꾼다

　북극곰이 보낸 조난신호를 아무도 듣지 못한 밤
　허기의 바깥으로 밀려난 꿈에서 실금 가는 소리가 들린다

*아이스크림을 옮기는 북극곰: 북극곰을 제재로 기후 위기를 경고하는 변대용 작가의 작품.

아모르파티

一 달이 막 지고 있어

　　무얼 해도 좋은 시간

　　돼지였던 한 마리의 돼지가
　　살과 뼈와 힘줄과 질긴 껍질을 태워 연기로 돌아가고

　　늘어진 수양단풍 발치에서
　　청두꺼비 한 마리가 첫걸음마를 시작하고

　　어떤 일들은 아무도 모르는 사이에 일어나기도 해

　　풀밭 위에 흩어져 함께 널브러진
　　달빛과 돼지와 방금 첫걸음을 시작한 청개구리가
　　다음으로 돌아가기 참 좋은 시간

　　다만 우리에겐 조금 더
　　우리를 흔들어 줄 무작정의 환호가 그리웠어

二 두꺼비가 두꺼비를 버리고 두꺼비가 되듯이

돼지가 돼지를 버리고 돼지가 되듯이
우리는 우리를 버리고 무엇이든 되고 싶었어

익숙하고 흔한 결론을 운명보다 사랑하던 우리는

지고 있는
달만큼 쉬워지고 싶었어

빨강 모자

당신의 빨강 모자를 탐낸 적이 있어요

당신의 뒤는
당신이 아닌 빨강 모자를 탐하기 좋은 자리

지금 거기 나는 없어요

사람들은 당신을 원한다고 어렵게 말을 꺼내 놓고
당신의 빨강 모자 뒤에 줄을 서요
당신 뒤에 선다 하고 당신의 빨강 모자 뒤에 줄을 서요

당신의 뒤는 빨강 모자 뒤에 줄 선 사람들이 비로소 보이는 자리
당신과 나 사이에는 너무 많은 사람들이 있어요

빨강 모자가 아니어도, 어떤 빨강이라도 사람들은 빨강 뒤에 줄을 서요
내일은 당신이 목에 두른 빨강 머플러 뒤에 줄을 설지 몰라요

당신의 빨강 모자가 당신을 원한 거라면 모자는 아무 죄
없어요
 세상의 모든 빨강이 죄인 거예요

 언젠가 당신이 쓰고 있는 빨강 모자가
 초록으로 바뀌기를 기도해요

 뻔한 것을 뻔하게 말해 버리는 나의 방식으로
 당신이 아니고
 당신의 빨강 모자를 욕심내었다 고백하는 거예요

친절하게 주(註)를 달아 주는 친절하지 않은 당신

一 목신의 오후를 들어 보라 하고 당신은
  나란히 벗어 둔 신발 아래 목신은 아니라고 목신의 주를 달아 두었군요
  목신을 신고 당신의 신은 영영 사라졌나요
  당신이 점점 멀어지는 이유는
  당신과 나 사이를 막고 있는 친절한 주들이 너무 많아서예요
  주렁주렁 달려 있는 주의 하루가 다 끝나지 않은 탓이에요
  목신을 신어 보는 일은 참을 수 없이 불편하지만 나는
  목신이 오래 머물던 오후가 불친절한 탓이라 말해요
  친절한 당신이 달아 준 불친절한 오후를 다 읽기도 전 당신은 벌써
  어둠이 찾아올 거라고 귓속말을 시작하네요
  어둠 속에서 더 또렷한 것이 있다고 말하지 못하는 나는
  당신의 친절이 점점 불안해요
  주를 달지 않은 어둠은 캄캄하고 위험하다고
  당신은 내가 걸어온 길 위에 끝없이 가스라이팅을 켜요
  미로처럼 아찔하고 혼란스러운 어둠도 때로는
  그럭저럭 괜찮아요
一 앞이 보이지 않는 폭우처럼

세상의 모든 꽃들에게 쉼 없이 주를 달아 주는 당신
목신을 신고 떠난 당신의 신처럼
어쩌면 친절한 당신, 혹은 친할 수 없는 당신

아, 너무 못되게도 나는
당신이 달아 놓고 간 팔레놉시스와 호접란 같은 것들을
사랑하기 위하여
꽃이라고 부를 거예요
주를 달지 않아도 꽃들은 친절하게 피어나요

언젠가 함께 읽은
견딜 수 없이 지루하고 밋밋한 오후를 닮은

두근두근 가슴이 뛰던
시의 첫 행처럼

장마주의보

一 지루한 관계를 관계라고 할 수 있을까요
 대놓고 끊지 못하는 관계를 관계에 대한 예의라고 확신해도 될까요
 관계는 바라볼 때마다 눈빛의 방향이 달라집니다
 어제는 세반고리관을 베고 누운 구름의 의도가 궁금했습니다
 일단 마른 웃음부터 시작하는 구름은 은근히 가렵거든요
 마른 입술을 더 조심해야 하는 이유입니다
 마른 바람이 지나간 자리
 바람이 부풀린 버섯구름에서 모래알 같은 지분거리는 소문이 쏟아질 수 있습니다
 젖은 구름에 적신 귓속은 참을 수 없이 가렵습니다
 젖은 하루는 언제든 말라 가겠지만
 다만 젖은 관계와 마른 관계가 만든 물웅덩이는 오래 변덕스럽고 불안합니다
 구름이 만든 물웅덩이에 잠깐 담갔다 건진
 마른 손가락에서 물방울이 뚝뚝 듣기 시작하면 이미 회복하기 힘든 징후입니다

二 검은 구름과 세반고리관의 침묵에 오래 버티던 고막이

예민한 울음을 터트린 오후 한쪽 귀가 막혀 버렸습니다
느닷없는 통곡은 쉽게 마르지 않아 무작정 기다려야 합니다
방금 매지구름의 옆구리에서 마른 살갗 찢어지는 소리가 났거든요

가끔 얌전한 구름들이 어긋난 방향을 고집하며 낮게 으르렁댑니다 불편한 속내를 먼저 드러내려다 세게 부딪치기도 합니다
드러내지 못한 속내는 터질 때까지 부풀어 오릅니다
낯선 구름 앞에서 미리 한쪽 귀를 열어 두어야 하는 이유입니다

모든 예측은 멀고
도착하지 않은 이적은 기다리지 않습니다

트레이싱페이퍼

　당신이 웃고 있네
　당신 안에 내가 모르는 오지가 있을까
　속을 알 수 없는 몽환의 안개 속에 하염없이 떠 있던 오제의 습지처럼
　가질 수 없는 오지를 가진 당신에게 질투가 나
　트레이싱페이퍼가 있다면
　짙은 안개를 걷고 당신의 오지만 빼 오고 싶어
　끝없이 이어지는 목도를 걸어가
　막다른 황폐함이 시작되는 부서진 선착장 끝에서
　방향을 잃고 헤맨 기억이 없었다면
　길 잃은 기다림 따위, 부서진 선착장에 버리고 왔을 거야
　시간이 망가뜨린 건
　삐꺽거리며 울던 목도도 아니었고
　버려진 선착장도 아니었어
　다시 시작해도 되니
　내가 아니고, 당신이 그랬던가
　눈부시게 찬연한 조우가 터무니없는 환상이라고, 당신이 아니고 내가 그랬던가
　당신은 늘 빛을 등지고 있고 나는 당신을 볼 수 없어
　불완전한 예측인 당신

아무것도 예측할 수 없는 나
불안정한 관계 위에 사각의 트레이싱페이퍼를 얹어
트레이싱페이퍼는 자꾸 어긋나 구겨지고 사각사각 흔들려
역광이 지운 당신의 그림자를 찢고
아픈 하소를 찢고
오랜 불면과의 동침도 찢고 말 거야

사방이 찢긴
트레이싱페이퍼 위
흔들리지 않고
홀로 떠 있는 당신의 오지처럼

안개 낀 습지를 따라
기다림을 버리고 닳은 목도 끝
외딴 선착장 아래

무거운 늪에 잠긴
나의 오지는

불현듯 떠오르고 말 거야

제5부

테드 휴즈의 아홉 가지 레시피

  오마카세 식당에 가는 것이 마지막 버킷리스트라고 했니 죽어도 따라 할 수 없는 맛의 비법을 알아내 가장 맛있는 맛의 시작을 시작하고 싶다는 것이지

  테드 휴즈에게 시작에 대한 아홉 가지 레시피가 있다고 해 오마카세 식당에 간 적 없지만 테드 휴즈가 가진 아홉 가지 레시피를 잘게 자르고 곱게 다져 오래 끓여 본 적이 있어 중얼중얼 끓는 라임에 귀 기울여도 아무 맛도 건지지 못했어 라임 잎사귀를 고요히 찻물에 우려내기까지는 긴 시간이 필요해
  훨씬 오래전부터 시작된 것들, 햇살의 농도와 바람의 방향과 적절한 구름이 드리운 그늘, 그리고 먼 허공에서 내려오는 환한 공기, 가끔 정체가 묘한 것들이 뿜어내는 거친 호흡과 밤잠을 훼방 놓는 잔기침 소리, 무엇보다 겨우내 죽어 있던 땅이 밀어내는 믿을 수 없는 소리들,
  그가 내민 비법의 비밀이야

  비법이란 말 속에는 그럴듯한 유혹이 그득해 비법의 비밀을 알아 버린 순간 비법은 또 다른 비밀을 서둘러 준비해 두지 비법의 비법이라는 말로 더 강렬하게 우리를 유혹하지

완벽한 맛을 알아냈다는 성급한 착각과 되풀이되는 실패의 쓰디쓴 좌절과 뻔한 맛을 가려내지 못한 부끄러움은 비법이 요구하는 당연한 옵션이야

그래서 처음은 행복하고 나중엔 늘 불행했어

테드 휴즈가 남긴 레시피에 딴지를 걸어 본 적 있어 무섭게 침묵하던 테드 휴즈가 마지막으로 내민 맛은 무색무취였어 어떤 오마카세 식당에서도 결코 맛볼 수 없는 맛, 너무 어렵고 너무 쉬운 맛, 닝닝하고 싱거워 파삭 부서지는 웃음이 나오는 맛

어떤 오마카세 식당에서 예약이 불가능한 그런 맛을 예약할 수 있을까

여기저기 다니며 다양한 재료를 사 와 다듬고 맞춤한 온도에서 삶고 끓이고 튀기고 겉과 속을 따로 또 같이 익히고 뭉근히 졸이며 셀 수 없이 간을 보고 있어 깊은 맛이 절정에 스며들었다 여기는 순간을 알고 싶어

딱 한 번 절정의 맛을 완성하는 것, 그것이 나의 버킷리스트야

이름난 오마카세 레스토랑처럼, 모든 레시피에는 맛의 폐허를 가린 길고 긴 담벼락이 있어 나의 폐허를 드러내기 위해 담장을 가린 마른 잎들이 다 떨어지길 기다리고 있어

언젠가 마지막 잎사귀를 주워 주물 주전자에 넣고 뭉근히 우려내 볼 거야 폐허의 절정을 맛볼 수 있을지 몰라

페이스메이커

두 번째 단추가 왼쪽으로 빠져요
바람이 밀어낸 방향으로 밀려나는 두 번째 단추를 따라
다음과 다음의 단추들이 생각 없이 선을 넘어요

왼쪽으로 너무 가 버리는 단추들
다정한 당신은 단정하게 보폭을 지키며 걷는군요
제자리를 지키려는 당신의 안간힘은 아무 잘못도 없이
뽀얀 젖가슴을 들켜 버렸네요

페이스에 말려들지 않는 것이 페이스를 지킨다

잘 알고 있는 것과, 아는 것을 끝까지 지켜 내는 것은 다른 문제였군요
세상의 틈이 점점 벌어지고 있어요

당신과 함께 가면서 점점 멀어지는 단추처럼
나의 결말은 점점 페이스를 잃고 요원해지고 있어요
땅속까지 뚜벅뚜벅 울리며 걷는 당신의 걸음걸이와 단추는 보폭이 달라요
단추를 따라 기우뚱 기운 나의 어깨는 태생부터 달라요

꽉 닫힌 결말까지 가기 위해
어두운 실패에 얼키설키 감긴 오른쪽과 왼쪽을 지그재그로 풀어내요
환한 햇살 아래 널어 두려 해요

지키지 못한 서로의 페이스가 사락사락 말라 갈 때까지
절룩이는 걸음이 얼룽얼룽 흔들리는 햇살을 뚫고 나와
부끄러운 거리 바깥으로 뛰쳐나갈 때까지

머나먼 결승선을 함께 통과하려면

처음부터 단추 없는 시스루 블라우스를 입어야 했어요

봄비

창 가까이 어떤 기척이 자란다

허리 한번 굽히지 않고 걸어 제자리를 찾아온 그것
내 방 작은 창문 아래 잠잠 숨결을 고르고 있는 그것

그냥 알 것 같다, 분명 알고 있다고 말해도 되겠다

중얼중얼 세상의 소리를 씹어 먹는 소리, 조용한 식사는 끝나 간다
창에 기댄 한나절이 바짝 댄 귀를 거둔다

허기진 쪽은 늘 나였는데, 정오가 훌쩍 지나가는데 배가 고프지 않다

디디고 온 발자국에 고이는 단내 나는 숨결들
종일 고개 숙인 한나절이 해거름 속으로 자리를 옮겨 앉는다

굳이 안다고 말하지 않아도
이미 알고 있는

낯설지 않은 이상한 세상이 가까이 있고

홀로 남아도 쓸쓸하지 않은 저녁이 찾아오고

굽은 등허리를 따라 손톱만 한 징후가 울긋불긋 피기 시작했다

그림자의 바깥

一 그러니까 여기가 그림자의 바깥이라는 거니
훔쳐 온 이름들은 여기 다 모여 있네
여기에서 그림자는
모든 걸 표현할 수 있는 장르가 되었다니
하나의 장르가 된다는 건 실어의 계절을 견디고 만나는 장면
훔쳐 온 이름들이 장르가 되고 그림자가 바깥을 갖게 되었다니
좀 억울해
손 탄 말들이 모여 하나의 장르가 되는 묘수를 나는 왜 몰랐을까
바깥에는 언제나 너무 많은 말들이 우글거렸어
의도 없이 저지른 외도인지
치밀하게 예측한 외도의 의도인지, 눈치채지 않게
그림자의 행각을 재 보고
그림자의 농밀을 공평하게 톺아보는 버릇이 생겼어
하나의 장르가 되기 위해
그림자는 이름으로 표현할 수 없는 걸
이름으로 표현할 수 있다는 바깥을 믿은 것이지
二 머리부터 깊숙이 드리우고 본 거지

바깥 아닌 바깥을 쳐내며 저만의 바깥을 얻었다는 것이지

부서진 무릎 속 조각난 연골을 가진 나는 걸어서 갈 수 없는
영원한 파라다이스
오래전 묻어 두고 더 오래 잊어버린 그림자였던 그림자가
잡풀처럼 성성하게 자라는 거기
어쩌면 나의 바깥

그림자가 흘린 흙 묻은 이름 하나 데려와
마주 보고 누운 밤

작정한 불안이 먼저 와 기다리는
무모한 그림자의 바깥

말하지 못한 사연

一

봄아,
그가 돌아선 나에게 이름을 불러 준 후로 어쩌다
나도 내 이름을 사랑한 적이 있다
타인의 계절을 흉내 내 쓰려 했는데 너무 오래
그를 봄이라 쓰고 봄이라 불렀다
그와 나는 엇갈린 관계처럼 서로 읽지 못하는 계절을 살았을까
돌아선 나를 돌아서게 해 놓고 영영 도망가 버린
불러도 돌아서지 않는
그를 봄이라 쓰고 봄이라 부르고 싶어
좀작살나무 연보랏빛 열매처럼 설익은 봄을
쓰고 지우고 다시 쓴다
선홍빛 화살나무 아래
핏빛으로 웃자란 가을의 손톱을 바투 깎으며
봄다운 봄이 오기를 기다린다
기다린다는 건 애탕끌탕 품은 사연 하나 간절히 의심하는 일
그가 불러 준 내 이름을 의심하고
사랑한다 믿은 한때의 혼돈을 의심하고
쓰고 지우고 다시 쓴

二

이름이 되지 못한 이름을 의심한다

알 수 없는 곳까지 잔뿌리를 뻗쳐
끝내 뽑히지 않는
가장 아픈 이름이 되어 가는
도망간 봄을 도려낸다

도려낸 자리에서 흘러내린 선혈은 지워지지 않는데

좀작살나무 이파리는 홀로 새파랗다

떨켜

짓무른 손은 주저 없이 버릴 것

한여름 뙤약볕이 벼린 무언의 유언들

풀빛을 풀어 써 내려간
아득한 절언의 전언들

벼랑 끝에 걸린 난해한 침묵의 상형 앞에
손이 손을 위해
손절할 수 있는 다섯 번째 계절이 걸려 있다

말하지 못한 헛말은
두 손을 버리고 짓무른 기도를 얻었다

손이 짓무른 이유는
짓무른 손만이 알고 있다

짓무른 것들은
다시 돌아가지 못하는 이유들이 너무 많아
단호하고 투명하게 말라 갈 뿐이다

벼리고 벼린 파르스름한 침묵
코드명은 우유부단
불가해한 해독은 시끄러운 허구

가만히 내버려 두시라
그리고 조용히 읊조리시라

짓무른 손

간절의 틈새에 손가락이 끼다

—

이미 와 있는
이미의 이마를 보지 못하고

아직 오지 않은
아직의 뒤통수만 바라보다가

간절과 간절의 벌어진 틈새에 손가락이 끼었다

열 손가락을 기어이 뭉개고 마는 일

아직 피지 않았거나 이미 지고 만 꽃들처럼
세상의 모든 약속들이 핏빛임을 알아 버리는 일

가늠할 수 없이 까마득한 허공에
간절의 남루한 집을 지었다 헐고 다시 또 짓는

그 밖의 일들처럼,

단지 열 손가락의 일은 아닌 일

—

비루하고 지루한 번제처럼, 나날이

이미 가 버린 것과
아직 오지 않은 것 사이에서 핏빛 꽃이 핀다

개와 하모니카

어쩌다 같은 시간 속에 서 있었습니다
그것이 전부입니다
생략된 무엇을 보고 듣고 말한 적 없습니다
죽었다 깨어도 알 수 없는 무엇은, 어쩌다 개와 하모니카 같은
어려운 생략인지 모릅니다

똑같은 집을 짓고 똑같은 시간을 보내는 사람들은
우연을 필연으로 뭉뚱그리는 버릇을 가졌습니다
무심한 우연과 폭압적인 필연 사이에서 빠져나오지 않습니다
개와 하모니카처럼
생략을 모르면서 생략을 안다고 어렵게 말합니다

완벽한 생략을 기다리는 사람들은
똑같은 시간 속에 똑같은 집을 짓고 사는 사람들처럼 이미 우리였는데
내일부터 우리여야 한다고 우리 밖으로 나와
진짜 우리가 될 수 있을까
늘 의심하고 궁리합니다

우리가 아닌 우리를 우리라고 엮어 한 우리 속에 가둔 오늘
어제와 똑같은 바람이 붑니다
똑같은 이유 없이도 바람은 똑같이 불어옵니다
내일은 소나기를 생략할 수 있습니다

생략을 생각하다가
똑같은 시간 속에 똑같은 집을 짓지 못한 사람들을 생각하다가
사람들이 어디에서 비를 생략할까 생각하다가

개와 하모니카보다 더 어려운 생략에 대한 생각을 생략합니다

어바웃 타임

―
  엄마가 돌아왔다
  시곗바늘이 엄마의 시간을 가리킬 때, 누가 닫힌 현관을 열었을까
  아득한 혼례청에 빛바랜 화관을 벗어 두고
  흑백사진 같은 엄마는 낡은 피아노 앞에 앉아 있다
  화관보다 빛바랜 피아노 뚜껑에는
  함께 좋아하던 꽃들이
  아무것도 기억하지 못하는 표정으로 피어 있다
  무거운 화관이 앳된 얼굴을 가려 엄마는 늘 죽은 신부처럼 비현실적이었는데
  표정 없는 꽃들이 피운 오늘은 아주 구체적이다
  돌아온 엄마는 처음처럼 피아노를 두드린다
  엄마의 손가락은 도톰하고 온기가 있다
  커다란 꽃을 머리에 얹고 꼼짝 못 하고 얼어붙은
  어린 신부를 애처로이 바라보던
  나는 아직 차갑게 식은 시간 근처를 서성이고
  무너질 듯 피아노에 기대어
  엄마는 웃지 않는 꽃처럼 시들어 가는
  나를 어린 나처럼 바라본다

―

엄마의 배경은 꽃이어야 했는데
한 번도 배경이 되지 못한 꽃 앞에 멈춰 선
엄마의 시간 근처
기별 없는 그리움은 몇 번이나 다녀갔을까

시곗바늘이 엄마의 시간을 가리킬 때 열린 문이 영영 닫히면 좋겠다

고요

― 나의 불운과 치열하게 싸워 줄 고요를 사양한 후
　두 눈에 쩍쩍 금이 가기 시작했다
　금이 간 나의 고요는 거대한 소요로 번져 가고, 집을 수 없는
　허공의 몫이 되어 버린 아득한
　망막의 저편에서
　거칠고 메마른 모래바람이 수시로 불었다
　내가 가지고 싶던 것이 정말 고요였을까, 그냥 고요라는
어떤 무리였을까
　혹독한 눈빛을 감추고 고요인 척하는 내 안의 무리들
　어느 편에도 내 편은 있고
　어느 편에도 내 편은 없다는 먼 잠언을 잊은 지 오래
　고요의 빗금들은 팔다리로 번져 가고 금이 간
　두 눈은 마저 타들어 가고
　눈물이 말라 가는 병을 앓은 적 없는 한 무더기의 무리 진
무리들
　나의 것이 아니었던 것처럼
　가장 나중까지 남아 나의 슬픔을 지켜 줄 거라는
　내가 원했고 내가 버렸던
　나의 고요라는 고요
― 처음부터 내 몫은 아니었다

거기까지였을 것이다
낯선 바람의 황량한 목덜미에 걸린, 고요를 설핏 보았던 그날
너무 쉽게 모두를 침묵과 맞바꾼 날
기어이 나는
궁색이라는 무리수 하나를 덤으로 얻었다

해설

생략과 대조의 복화술

양균원(시인·문학평론가)

　한보경의 시는 슬쩍 가려져 있다. 사건이나 현상 혹은 관념을 다루면서 언어를 조탁하는 자의 다부진 손놀림이 여하히 직접적 진술을 피한다. 시인의 품성과 무관하지 않을 듯하다. 목소리가 통일을 이뤄도 이에 이르는 과정은 은근히 꼬여 있다. 과하지 않은 복잡성은 세상에 응하는 시인의 자세에서 자연스럽게 파생하는 측면이 있다. 재치 있는 경구(警句)와 대조(對照)의 어세 속에 감추면서 드러내는 생략이 시의 호흡을 견인하는 때가 잦다. "우리는 모르는 게 많아서" "알고 있는 게 너무 많은 우리를 버리지 못한다"(「우리는 모르는 게 많아서」). 서로를 비추는 둘 혹은 그 이상의 어구가 대립적으로 엉키면서 그늘을 생성한다. 시인의 격물치지는 그 나름의 혜안을 드러내나 진리의 설파로 나아가지 않는다. 구체적 기억조차 심중에 묵혀 무정형의 추상을 발효시킨다. 이것의 제시에서 시인은 병치, 대조, 생략, 모호의 언어를 활용해 복화술의 목소리를 낸다. 진술로 보이는 것도 실은 임

시 결론이거나 다른 언술과 타협의 흐름 속에 있다. 불교 용어가 등장하나 믿음이나 수련의 방식이 아니라 세상살이에 관한 사유와 의혹의 대상으로서 시 속에 유입된다. 이렇게 한보경 시인은 목소리에 목소리를 훔치는 버릇에 능통하다. 그렇다고 다성(多聲)의 혼재를 시도하는 실험적 시를 쓰고 있지는 않다. 오늘의 시인은 앞선 시인들의 시와 시론을 통섭하는 가운데 자신의 새로운 화법을 발전시키도록 요구받는다. 일방통행과 이름이 개인을 규정하는 세상에서 실체적 재현의 어려움과 정체성 추구의 곤경을 성찰하는 한보경의 시는 전통적 서정시의 본류에서 이례적 사유를 전개하는 지류를 형성한다.

1. "늦었지만 되돌아갈 단서"

한보경의 시는 사뭇 숨겨져 있다. 그렇다고 생각 자체가 애매하다고 할 수는 없다. 투명하기까지 한 어느 사유가 비유적 상관물로 대체되어 있다. 내용이 복잡할수록 시인은 설명하기보다 은유적으로 제시하는 재주를 피운다. 일치의 사랑이 환상일지라도 화자는 여기에 동조하는 삶을 살아왔다. 이에 대한 조용한 반란이 굴곡의 기억을 헤집는 과정의 표상화로써 구현된다. 속을 뒤집어 보여 주되 그것을 객체화한다.

등을 서로 등지고 다른 방향을 사랑했다 영원이라 착각했던
습관을 버리지 못하고 다른 방향을 같은 방향이라고 겨루었다

똑같은 꽃무늬가 그려진 찻잔을 마주 놓고 똑같은 차를 우려내는 짧은 순간들이 우리를 일몰의 눈빛으로 데려왔다 은은하게 번져 가는 멀버리 향에 젖어 고단한 방향을 멀리 두고 갈라진 찻잔 틈에서 한 송이 꽃이 피기를 기다렸다

우리는 우리가 아닌 적이 없었다 우리를 둘러싼 각진 모서리들이 팽팽하게 잡아당긴 방향을 내려놓고 찻잔 속에서 시남시남 풀어지고 서로의 입술이 묻은 꽃무늬들은 붉은 입술을 열었다 우리는 우리가 아닌 것이 아니다 벌어진 찻잔 틈에서 꽃이 피었다 꽃은 가끔 손가락을 길게 뻗어 같은 방향을 가리켰다

우리는 머나먼 이국에서 온 이방인이어서 불가능이라는 이름표를 달지 않고 불가능으로 살았듯 아무 말을 하지 않아도 제법 시끄러울 것이다
　　　　—「우리는 머나먼 이국에서 온 이방인이어서」 전문

"우리"는 "서로 등지고 다른 방향을 사랑했다". 이것이 실체이다. 그런데 화자는 "우리"가 "다른 방향을 같은 방향이라" 우겨 왔다고, 게다가 그 "영원이라 착각했던 습관"을 서로 "겨루었다"라고 자인한다. 이 목소리는 실수를 후회하는 연민으로 들릴 수 있으나 사실은 다른 방향을 한 방향으로 만들려는 "불가능"의 시도에서 삶이 강렬해진다는 자각을 웅변하고 있다. "우리는 우리가 아닌 적이 없었다"는 단

언은 여러 곡절에도 불구하고 "우리"의 성을 공고히 지키려는 자의 의지를 표현한다. 동시에 피할 수 없는 이질성의 곤경에 대한 감각을 반어법적으로 드러내기도 한다. "우리"는 "각진 모서리들이 팽팽하게 잡아당긴 방향"에 둘러싸여 있다. 긴장이 팽배한 "우리"는 어떻게 사랑을 유지할 수 있을까. "똑같은 꽃무늬가 그려진 찻잔을 마주 놓고 똑같은 차를 우려내는 짧은 순간들", 여기에 화자의 사랑법이 있다. 한 방향의 착각으로 시작되었을 "우리"의 사랑은 서로 "머나먼 이국에서 온 이방인"의 처지에서 어떻게 "영원"을 추구할 수 있을까. 그의 사랑은 이상미를 찾아 날개를 펼치는 가식적 낭만을 경계한다. 같은 형상의 찻잔에 같은 차 향기를 함께 음미하면서 서로를 마주하는 일상의 시간에서 각진 차이는 "시남시남 풀어지고" "벌어진 찻잔 틈에서" 핀 꽃은 "가끔 손가락을 길게 뻗어 같은 방향을 가리켰다". 이렇게 동질과 이질이 함께하는 역설적 사랑의 가치를 옹호하는 가운데 화자는 "아무 말을 하지 않아도 제법 시끄러울 것이다"라고 함으로써 그 내재적 고통을 확인하고 있기도 하다.

"우리"는 그 바깥과 경계를 이루는 외연에서 그리고 그 내포에 수반되는 갈등에서 다양한 뉘앙스를 품는다. "우리"는 이방인이 모여 한 방향을 지향하는 어려움 속에 있다. "우리"는 여럿을 하나로 묶어 놓는 테두리를 갖춘다. 이러한 둘레의 영내에서 "우리는 도발하지 않기 위해/머뭇거리고, 쉽게 후회하지 않으려고/늘 반성만" 하는 시큼한 사랑에 묶여 있다(「노포동 두 시」). "손을 씻지 않고도" "평화로운 잠자리"를 누리는 타지키스탄 사람들과 다르게 "우리"는 "씻지 않은 까만 발바닥"의 가난한 여유를 "이방인처럼" 바라본다(「우리는 모르는 게 많아서」). 여기서 "우리"는 자신의 문화를 벗어나고자 원하나 변화를 두려워하는 모순 속에 있다.

"우리"는 동질성을 중시하는 세상에 노출되어 있다. 굴곡은 위험하다. 벗어나거나 휘어가는 짓은 애초에 마음을 주었던 어느 형식을 무너뜨린다. 우리는 아름답게, 그리하여 정상적으로, 우리를 유지해 주리라 기대하는 어떤 약속을 깨뜨리지 못한다. 그것에 반하는 작용들이 발생하더라도 애써 덮어 두고 그간의 굴곡마저 합리화한다. 그렇지만 부작용이 반복되고 의혹이 깊어지는 황혼에서 우리는 근본으로 돌아가고자 통렬하게 반성에 이르게 된다. 사랑 또한 그러하다. 사랑은 지키는 것인지 모른다. 사랑은 열정적 동경을 거쳐 지키고 싶은 환상으로 성숙하는 것인지 모른다. 그 환상의 부재에서 삶은 빛을 잃는다. 그래서일까 한보경의 시에서 화자 "우리"는 일탈에서가 아니라 굴곡의 삶 자체에서 사랑을 건져 올리는 어부의 품성을 드러낸다.

조용히 "다 말라 버린 속을 후비고 파내도 아무것도 굴러 나오지 않아요"라고 읊조리게 되는 순간이 온다. 평생 시를 쓰고 싶었으나 그 욕구가 철저히 소진되어 "종일 열어 둔 문을 다 닫을" 시간이 온다. 하지만 시인은 첫 의도를 잊지 않고 있다. "그래도 미지근한 의도가 남아/닫힌 문 바깥에 걸어" 둔다. 그리고 그것이 "잘 말라 갈 거예요"라고 뇌까린다. 자학적으로까지 들려오는 이 임시적 종결에는 운명을 거스르지 않겠으나 쉽게 복종하지는 않겠다는 역린의 의지가 숨 쉬고 있다.(「메노포즈」)

한보경 시인의 복화술은 과연 벤야민이 연인 아샤라시스에게서 발견했던 혁명과 사랑의 길을 찾아갈 수 있을까. 삶에 종속당해 왔으나 아름답지 않은 것은 아닌 어느 굴레에서 어찌 "당돌하고 막된 자유"와 "낮은 잡풀처럼 어여쁜 고독"을 성취하고,(「일방통행로」) "늦었지만 되돌아갈 단서"를 찾아낼 수 있을까(「메노포즈」). 독자는 동병상련의 시선으로 시인의 움츠린 자세를 의뭉스럽게 바라보게 된다.

2. "나의 이름은 이름이 아니고"

시인에게 이름을 부르는 행위는 관습화된 외연을 지칭하는 데 머물지 않고 그로써 의미와 가치가 구현되는 모종의 창조를 수행한다. 바다는 시인에게 "넓고 깊어" "컴컴한 파란과 걷잡을 수 없는 애증과 막막한 지루함"을 품고 침묵하는 존재로 다가온다. "침묵"을 "곡진한 믿음"으로 "운명처럼 지루하게" 사랑하나, 그 믿음이 흔들리자, 바다는 "쓰고 버린 이름들"이 "파도처럼 밀려왔다 쓸려" 가는 곳으로 바뀐다. "감히 바다보다 앞설 이름은 없었으므로" 화자는 그 이름이 "어떤 이름도 밀칠 수 있다는 맹목의 신념"에 빠진 적이 있다. 그렇지만 이름은 실체와 한편이 아니다. 이름과 실체 사이의 자의적 관계를 여실히 깨닫게 되는 생의 변곡점에서 맹신의 바다는 이제 "기억하는 이름"이 되어 흔들리고 있다.(「이름이 바다였던 바다」)

이름은 시인과 대상이 온전히 존재하는 데 필수적이어서 그 자체가 목적으로서 취급될 수 있다. 그리하여 고통은 이름이 이름이 아닌 상황에서 종종 발원한다. "봄아,/그가 돌아선 나에게 이름을 불러 준 후로 어쩌다/나도 내 이름을 사랑한 적이 있다". 김춘수의 「꽃」을 생각나게 하는 이 문장에서 화자는 이름으로써 자신의 정체성을 확인하고 있다. 화자가 불리고 싶어 하는 자신의 이름은 봄이다. 그런데 자신을 "돌아서게 해 놓고 영영 도망가 버린/불러도 돌아서지 않는" 그이의 이름 또한 봄이다. 봄이라는 이름은 화자가 그이와 함께 도달하고자 하는 어느 경지를 뜻한다. 화자는 "그를 봄이라 쓰고 봄이라 불렀다". 서로를 봄으로 이름할 수 있는 여건에서 각자의 존재는 어느 성취에 도달하는 듯하다. 화자와 그이 그리고 봄은 최상의 순간에서 한 몸을 이룬다. 하지만 화자는 그와 "엇갈린 관계" 속에 있다. 봄이라 불리는 그이는 "쓰고 지우고 다시" 쓰는 대상으로 드러난다. 그 존재는 화자가 계속 추구해야 하나 어쩌면 영원히 이루지 못할 어느 꿈, 어쩌면 시와 다르지 않을 것이다. 화자는 "그가 불러 준 내 이름을 의심"하고 있다. 현실에 순응하는 듯하여도 사실은 타협하지 않는 자세를 다진다. 그들의 사랑은 관계의 재설정을 거쳐 새롭게 생성될 수 있다. 이를 위해 화자는 자신의 근원을 해부하면서 사랑의 믿음을 혼돈으로 복귀시킨다. "이름이 되지 못한 이름"을 의혹 속에 놓아둠으로써 "끝내 뽑히지 않는/가장 아픈 이름"의 잔뿌리마저 샅샅이 응시한다. "도망간 봄"을 도려내고 그 "도려낸 자리"에서 화자의 "좀작살나무 이파리는 홀로 새파랗다".(「말하지 못한 사연」)

  이름은 시를 쓰는 이유에서 존재의 방식에 이르기까지 다양한 함의를 띤다. '나의 이름은 조르바'라는 언명은 그 인물이 대변하는 바를 갈망하는 화자의 욕구를 드러낸다. 이름에는 그에 따라오는 바가 있고 그로써 규정되는 바가 있을 터인데 화자는 "나의 이름은 이름이 아니"라고 함으로써 자신에게 주어진 어느 정체성을 거부한다. 자신의 이름을 버리고 조르바라는 이름을 얻고 싶어 한다. 조르바가 대표하는 것은 자유와 욕망이다. 이성과 제도의 요구에 굴하지 않고 욕망에 따라 거침없이 자아를 드러내는 자유. 그렇지만 화자는 조르바가 될 수 없고 붓다의 수제자 수보리의 길을 따르고자 하여도 여전히 "금강과 한편이라고 내가 나를 속인, 이름의 헐거운 그림자"에 갇혀 있다. "교외별전"에 대한 이끌림은 그가 추구하는 자유가 문자에 의존하지 않는 종류의 것임을 알게 한다. 경전이 주는 가르침과 규율이 탈속의 안내자 역할을 하는 듯해도 화자는 자신이 "보다 많은 실패와 고뇌의 시간"을 거칠 것을 자각하고 있다. 화자가 조르바에게 이끌리는 것은 자신이 수보리에 기울어 있다는 사실을 역설적으로 드러낸다.(「이름이 조르바였던 조르바」)

  이름이 이름이 아닌 경우와 이름이 이름인 경우가 있다. 이름은 존재를 강화하기도 하고 구속하기도 한다. 이름을 추구하는 방향이 이름을 벗어나려는 방향과 충돌한다. 지적 유희라고 할 이러한 이중주에서 시인은 세상사, 대상, 자아에 대해 일정한 거리를 유지할 수 있다. 생략과 대조의 언어는 시적 제재(題材)에 대한 거리감의 뒷받침을 받으면서 독백의 서정시와는 다른 결을 형성한다. 이것이 한보경 시인이 성취한 장점 중의 하나일 것이다.

    그러니까 여기가 그림자의 바깥이라는 거니
    훔쳐 온 이름들은 여기 다 모여 있네
    여기에서 그림자는
    모든 걸 표현할 수 있는 장르가 되었다니
    하나의 장르가 된다는 건 실어의 계절을 건디고 만나는 장면
    훔쳐 온 이름들이 장르가 되고 그림자가 바깥을 갖게 되었다니
    좀 억울해
    손 탄 말들이 모여 하나의 장르가 되는 묘수를 나는 왜 몰랐을까
    바깥에는 언제나 너무 많은 말들이 우글거렸어
    의도 없이 저지른 외도인지
    치밀하게 예측한 외도의 의도인지, 눈치채지 않게
    그림자의 행각을 재 보고
    그림자의 농밀을 공평하게 톺아보는 버릇이 생겼어
    하나의 장르가 되기 위해
    그림자는 이름으로 표현할 수 없는 걸
    이름으로 표현할 수 있다는 바깥을 믿은 것이지
    머리부터 깊숙이 드리우고 본 거지
    바깥 아닌 바깥을 쳐내며 저만의 바깥을 얻었다는 것이지

부서진 무릎 속 조각난 연골을 가진 나는 걸어서 갈 수 없는
영원한 파라다이스
오래전 묻어 두고 더 오래 잊어버린 그림자였던 그림자가
잡풀처럼 성성하게 자라는 거기
어쩌면 나의 바깥

그림자가 흘린 흙 묻은 이름 하나 데려와
마주 보고 누운 밤

작정한 불안이 먼저 와 기다리는
무모한 그림자의 바깥

—「그림자의 바깥」 전문

 이름은 생성이고 창조이다. 이름 짓는 행위는 시 쓰는 행위일 수 있다. 그런데 그 행위가 순수할 수만은 없는 노릇이어서 이름은 그것을 정하는 자의 것이 아니라 "훔쳐 온" 것일 때가 있다. "훔쳐 온 이름들"로 "모든 걸 표현할 수 있는 장르"가 있다. 화자는 그 장르를 "그림자"라고 칭하면서 그 "바깥"에 서성이는 자신을 돌아본다. "손 탄 말들이 모여 하나의 장르가 되는 묘수를 나는 왜 몰랐을까". 여기서 그는 그 묘수를 흉내 내려는 듯 보이나 사실은 비판적 태도를 견지한다. "훔쳐 온 이름들이 장르가 되고 그림자가 바깥을 갖게 되었다"는 사실에 "좀 억울해"하면서도 자신이 그 바깥에 있고 그 "바깥을 믿은 것"을 다행으로 여긴다. "무모한

그림자의 바깥"에 있어서 자신이 "그림자는 이름으로 표현할 수 없는 걸" "이름으로 표현할 수 있다"는 역설을 내세운다. 사람들의 주목을 받는 시 중에는 잘 다듬어졌으나 "손 탄 말들"에 불과한 것들이 있다. "그림자의 행각"을 남몰래 측량해 보니 그런 시는 "의도 없이 저지른 외도"나 "치밀하게 예측한 외도의 의도"가 빚어낸 산물이다. 화자에게 그것은 "외도"로 읽힌다. 화자가 따라가고자 하는 정도는 "언제나 너무 많은 말"이 우글거리는 바깥에서 "바깥 아닌 바깥을 쳐내며 저만의 바깥을 얻"는 길이다. 화자가 성취하는 모종의 장르 또한 바깥을 갖게 된다. 그의 그림자 또한 "손 탄" 흔적을 품을 듯하다. 그렇지만 바깥의 바깥을 의식하는 자세에서 그 흔적은 남다르게 저만의 것으로 창조될 듯하다. "오래전 묻어 두고 더 오래 잊어버린" 것, 마음에 내내 자리해 왔으나 그 형상이 늘 모호하게 뒤에 드리워지는 것, 간혹 시의 이름으로 손을 대 만지작거렸던 것, 어쩌다 지나치게 "손 탄" 느낌이 싫어져 그 바깥에 처하고 싶어지는 것, 자신을 생성하면서 동시에 억압하는 기억의 바깥에서 새롭게 바깥을 만들고자 열망하도록 부추기는 것, 아마도 이것이 그림자의 정체일 듯하다.

  시적 진실은 어떻게 이뤄지는가. 한보경 시인은 궁극을 지향하되 그것에 이르지 못하는 불완전의 수용에서 진실을 감지한다. 그가 "새"나 "꽃"이라는 이름을 부여하는 대상은 늘 지상의 것이다. 천상의 노래는 그의 감수성에 진실하게 다가오지 않는 듯하다. 그러니까 그는 "젖은 겨드랑이에서 접힌 시 한 편"이 날아오르는 것을, "그냥 새라고 불러" 주는 일의 어려움 속에 있다. "후르륵 젖은 날개를 털며" 날아오르는 "처음 보는 새"가 "길조"일 수 있으나 "흉조"일 수도 있다고 여긴다. "코끝이 까맣고 빨간 새 한 마리"는 시의 날개를 지녔으나 환희의 노래를 부르지는 않는다. 시를 사랑하고 시를 쓰면서 그것이 불길한 것일 수도 있다는 예감은 어떻게 일어나는 것일까? 시도 행복도 완전하지 않다는 성숙한 자각 때문일 것이다. 그런 우려에도 그것을 "그냥 새"라고 불러 주는 자의 위치에 화자가 있다.(「새라고 부르기」)

3. "비 온 뒤 첫 소금"

한보경의 시선은 낮은 데로 향하여 더 견고하게 빛난다. "무릎 꿇고 고개 숙인 낮달맞이꽃"에서 "무너지고도, 남아도는 꽃의 미소"를 발견한다. "수그린 꽃의 얼굴"에 맴도는 미소는 화자에게 "불가사의한 난제"로 다가온다. "찢어진 어깨와 어깨를 맞대고" 꽃들은 어떻게 "아름다운 부침(浮沈)의 풍경"을 이룰 수 있을까. 꽃 무리가 시들고 있으나 "어설픈 애도는 흔해 빠진 신파"일 것이므로 차라리 "거룩하게 고개 숙인 꽃의 시간"을 영접하려 한다. 그 "엉겨 붙은 꽃의 머리카락들을 가지런히 엮어 꽃다발"을 만들고 자신의 "무너진 무릎에 하나씩" 걸어 두려 한다. "언젠가 내 앞에 무릎 꿇고 고개 숙인" 누군가에게 화자는 자신도 "남은 생을 향해 무릎 꿇고 고개 숙일 수 있다고" 전하고 싶어 한다.(「언더독에 얽힌 알려지지 않은 이야기」)

종국을 예비하는 시인의 목소리에는 순응주의자의 유한 숨소리가 배어 있으나 동시에 견인주의자의 거친 쇳소리가 묻어 나오기도 한다. 시 「차귀(遮歸)」에서 화자는 이승의 삶에 "후회할 것이 아직 남았다면" 차라리 "되돌아올 수 없는" "차귀로 떠나가라" 스스로 명한다. "숱한 자책과 불가능한 소망들"의 현생을 떠나 "눈멀도록 짙푸른 바다 건너"로 넘어가려 한다. 그렇게 떠나 "다시 돌아오지 않겠다는/오랜 예감"을 지키겠다고 약속한다. 시 「떨켜」에서 화자는 "짓무른 손은 주저 없이 버릴 것"을 선언한다. "아득한 절언의 전언들", "난해한 침묵의 상형", "손절할 수 있는 다섯 번째 계절"을 지나 화자는 떨켜처럼 "단호하고 투명하게 말라 갈" 준비를 한다. "벼리고 벼린 파르스름한 침묵"을 거쳐 "불가해한 해독"은 "시끄러운 허구"로 돌리고 "가만히 내버려" 두려 한다. 손이 짓무른 이유는 두 손의 노동으로 견뎌온 세월의 결과인 듯하다. 육체의 노동은 정신의 혼돈을 뚫고 나가는 조력자가 되어 준다. "짓무른 손"을 앞에 두고 화자는 이제 그마저 "주저 없이 버릴" 자세를 취한다.

　끝을 향한 약속은 결연하나 시작을 향한 박동과 뜨겁게 교우하고 있다. 한보경의 시에는 처음의 심상이 자주 등장한다. 시 「비 온 뒤 첫 소금」에서 화자는 기다려도 비가 오지 않는 일이 "어김없는/약속"처럼 반복되더니 그러다 비가 내리고 "죽은 나뭇가지"에서 "첫 소금처럼" "처음"이 피었다고 회고한다. 이것이 인생일 것이다. 좋은 일은 오랜 갈증의 끝에서 피는 소금꽃처럼 "하얗게 잊힌 처음"으로 다가

온다. "네가 보낸 소금 상자"를 잊고 지내던 화자가 그 "잊어버린 기억"에 종일 물을 주는 이유가 여기에 있을 터이다. 시 「노포동 두 시」의 화자에게는 "삐뚤어진 왼쪽 젖꼭지에 꽁꽁 싸매 둔 썩어 가는 세 개의 심장"이 있다. 여기서도 시인은 재현의 대상을 거의 완벽하게 가려 두는 습관을 버리지 않는다. 세 개의 심장이 갖는 세 개의 꼭지는 "각자의 방향이 한곳으로 모이는/하나의 좌표"를 가리킨다. 그 좌표는 화자가 최종에 즈음하여 되찾아가는 "최초"의 거처이다. 그 "최초"는 세 가지가 "아스러지게 뭉쳐" 완성된다. 그런데 "최후라는 것은/최초가 우리 가슴에 달아 주고 달아난 절박한 훈장"이다. 아마도 "최후"는 "최초"와 사뭇 달라져 있는 듯하다. 최종을 향해 가면서 화자는 그 "최초가 돌아오기를 기다리고" 있다. 하지만 "흔들리지 않고/꼼짝없이 평화로웠어"라는 자조적 독백이 시사하듯이 "노포동 두 시"의 기다림에는 아무 일도 일어나지 않는다.

  시인은 세월이 함축하는 바를 "최초"와 "최후"의 교차점에서 읽어 내려 한다. 시 「징조」에서 화자는 "바다 아래 깊숙이 허리를 담근 소나무 수피에/겹겹이 피어나는 소금꽃처럼/감춘 것을 우려내는 상처들은 징조인 걸까요"라고 해석을 시도한다. "이미 시든 찻잎에도 상처를 내면 더 짙푸른 향기가 난다지요"라는 뇌까림에서 그는 비움, 버림, 지움을 지향하는 몸짓을 감추지 않는다.

  시작과 끝 사이, 바깥세상과 내면의 세상 사이, 현세와 내세 사이, 그 양안의 떨켜에서 시인은 거울 앞에 선다.

손바닥을 뒤집는다
갑자기 손등이 된 손바닥
어딘가 두고 잊은 오래된 바깥이 훅 치고 들어온다
(중략)

겹겹이 두른 울타리마다 번쩍이는 금줄을 건다
도로 데려다 놓아도 도로 돌아가는
안이 될 수 없는 바깥
뒤집고 뒤집히고, 들어오고 나가고, 치고 걷고
어지러운 궤적을 그리며
정체를 알 수 없는 줄을 줄줄이 걸고 있다
거부와 수긍의 강요에 빠진
숨긴 욕망을 드러낸 손바닥과 손등이었던 것
쉬운 운명은 아니다

어쩌다 운명을 벗어던진 선 하나가
아무도 넘지 못한 금줄을 밟고 넘어설 때가 있다

(중략)

한번은 도저해질 수 있을 것인가

—「거울 앞에서」 부분

손은 손등과 손바닥으로 이뤄진다. 손등은 바깥이고 손바닥은 안이다. 손바닥을 뒤집으면 안팎이 뒤바뀐다. 그렇지만 언제고 손등은 바깥으로 돌아간다. 둘이지만 하나이고 하나이지만 역시 둘이다. 끝내 "안이 될 수 없는 바깥"이 있다. 둘 사이의 경계를 넘나드는 것은 시인의 숙명이다. 화자는 "어딘가 두고 잊은 오래된 바깥이 훅 치고" 들어오는 순간에 직면한다. 그 바깥은 "오래전 내가 유기한 어둠을 삼키지 않고 신물 나게 물고 있다고/컴컴한 눈알을 슬쩍 꺼내 보이려다 바로 감춘다". 화자는 이렇게 "되풀이되는 유혹들"이 지겨워서 "싫증 난 것은 던져 버려야지" 스스로 채근한다. 화자는 안팎의 경계선상에 부유하는 자신의 삶을 되새긴다. 밖의 어둠은 위험해도 유혹적이다. 그렇지만 그는 "겹겹이 두른 울타리마다 번쩍이는 금줄을" 걸어 두고 "도로 데려다 놓아도 도로 돌아가는/안이 될 수 없는 바깥"을 냉정하게 의식한다. 하지만 그는 자신이 다시 언제든 손바닥을 뒤집을 것을 알고 있다. "얽히고설키는 운명들"에서 과연 화자는 "한번은 도저해질 수 있을 것인가". 거울 앞에서 화자가 마주하는 것은 자신의 자화상일 것이다.

4. "고장 난 암호들"

시인은 명시적 세상 속에서 내포적 세상을 산다. 세상의 일원으로 그에 동화된 인생을 살아가면서 그 속에 다른 세상을 구축하고 있다. 두 세상의 충돌이 일으키는 현기증이 있다. 내면의 세상은 간혹 외부와 철저히 차단되어 읽어 내기 어려운 기호로 바뀌기도 한다. 시 「묵비권」에서 "거꾸로 매달린 저 남자"는 오직 "흔적"으로 남아 독자에게는 물론 화자에게도 "고장 난 암호들"로 다가온다. 시 「봄눈」에서는 "흔들리는 것에 숨어 흔적이었던 그가 흔적 없이 흔들린다". 시 쓰기는 기억의 흔적을 되살려 그 암호 체계가 제대로 작동하게 하는 과정일 수 있다. "뽀얗게 널린 이불자락 어딘가"에서 화자의 시선은 무언가를 헤집고 있다. "열 개의 발가락을 가진/세상의 모든 머리카락들은 보이지 않는다". 세상 속의 세상에서 시인은 "뒤집힌 거짓의 손등"을 찾아 미궁을 헤맨다. 시 「바람의 기억」에서 "사내는 바람이 되어/길고 긴 소문의 바깥으로 걸어 나갔다". 그 "바람의 전설"은 시인의 은유 속으로 깊이 확장된 나머지 실제 누구인지가 더는 중요하지 않다.

 이렇게 자신만의 세상에 묻혀 있는 듯해도 시인 한보경은 여전히 바깥세상과 보폭을 맞춰 걷고 있다. 삶이 어찌 쉽기만 하겠는가. 세상에 맞춰 살아가는 방식은 단절하여 지내는 방식과 맞물린다. 걸어온 길이 그러지 못한 길과 나란히 함께 이어진다. 시인의 시에서 가끔 목격되는 무기력의 양상은 열정적으로 좇지 못한 그리하여 포기하거나 타협해 온 꿈과 엉켜 있다. 시 「페이스메이커」에서 화자는 "단정하게 보폭을 지키며 걷는" "다정한 당신"을 관찰하고 있다. "제자리를 지키려는 당신"은 "아무 잘못도 없이" "뽀얀 젖가슴"을 드러내는 때가 있다. "왼쪽으로 너무 가 버리는" 순간이 어쩌면 진정한 욕망에 부합할 것이다. 하지만 화자는 "페이스에 말려들지 않는 것이 페이스를 지킨다"고 자세를 다잡는다. 두 자아가 내면에서 서로를 살피는 듯하다. "나"와 "당신"은 다르면서 하나이다. 이 둘이 어찌 사이좋게 혹은 크게 상처 입히지 않고 "머나먼 결승선을 함께 통과"할 수 있을까? "처음부터 단추 없는 시스루 블라우스를 입어야 했어요". 하지만 화자는 아무래도 이런 옷을 끝내 걸치지 못할 듯하다. 이렇듯 두 세상의 첨예한 충돌을 고백하는 자의 목소리가 시에 진정성을 더한다.

  시인은 세상을 재현하면서 사실 자신을 표상하는 자이다. 이 방식에서 현실은 비현실과, 안은 밖과, 실제는 상상과 교집합을 이루게 된다.

  창 가까이 어떤 기척이 자란다

  허리 한번 굽히지 않고 걸어 제자리를 찾아온 그것
  내 방 작은 창문 아래 잠잠 숨결을 고르고 있는 그것

  그냥 알 것 같다, 분명 알고 있다고 말해도 되겠다

  중얼중얼 세상의 소리를 씹어 먹는 소리, 조용한 식사는 끝나 간다
  창에 기댄 한나절이 바짝 댄 귀를 거둔다

  허기진 쪽은 늘 나였는데, 정오가 훌쩍 지나가는데 배가 고프지 않다

디디고 온 발자국에 고이는 단내 나는 숨결들
종일 고개 숙인 한나절이 해거름 속으로 자리를 옮겨 앉는다

굳이 안다고 말하지 않아도
이미 알고 있는
낯설지 않은 이상한 세상이 가까이 있고

홀로 남아도 쓸쓸하지 않은 저녁이 찾아오고

굽은 등허리를 따라 손톱만 한 징후가 울긋불긋 피기 시작했다

—「봄비」전문

봄비는 장맛비가 아니다. 그것은 분명하지 않은 "기척"에 가깝다. 그런 것일수록 사실은 듣는 이의 귀를 더 세우게 하는 힘이 있다. 그래서 그 "중얼중얼 세상의 소리를 씹어 먹는 소리"는 화자를 "창에 기댄 한나절"로 이끈다. "정오가 훌쩍 지나가는데 배가 고프지 않"은 것은 "디디고 온 발자국에 고이는 단내 나는 숨결들"이 봄비에 살아나는 탓이다. 세상 밖으로 떠나면서 세상 속으로 향하는 자의 평행우주가 펼쳐진다. "낯설지 않은 이상한 세상이 가까이 있고//홀로 남아도 쓸쓸하지 않은 저녁이 찾아오고" 화자는 봄비가 일으키는 "어떤 기척"에 신열을 앓는다.

세상의 일원으로 존재하는 일은 중차대하다. 이 사실을 부인할 도리가 없다. 살아가기 위해 시인은 현실적이어야 한다. 그런데 왜 시인은 내면의 성을 쌓고 그 안에 거주하는 것일까. 외적 압력에 적응하면서 내적 부름에 응답해야 하는 시인은 경계인의 삶을 살고 있다. 시 「비둘기의 시간」에서 화자는 공원의 살찐 새 떼처럼 뒤뚱거리고 있다. "한 떼의 어제들이 앞만 보고 걸어간다/비루해진 시간의 뒷덜미를 이고 지고 씰룩씰룩, 앞서거니 뒤서거니/앞만 보며 뒤뚱뒤뚱 걸어간다". 비둘기의 은유를 확장하면서 화자는 자신을 우스꽝스럽게 조롱하고 있다. 오늘이 어제를 등지고 전진하면 좋을 텐데 그렇지 못해서 "삐거덕거리는 현재진행형 비"를 맞고 있다. 현재는 야멸차지 못하다. 너무 너그럽다. "앞과 뒤를 말없이 지지한 건 너그러운 현재뿐이니까 진행형은 가장 푸근하니까/삐거덕거림은 가장 익숙한 부끄러움이니까". 삐거덕거림은 바깥세상과 안의 세상이 갈등을 빚은 결과일 것이다. 그런데 이 갈등은 통렬하지 않아서 파괴 후 재건으로 나아가지 못하고 고장 난 상태에 대한 부끄러운 연민 정도에 그친다. 그나마 오늘 화자는 그 현재진행형 비에 "흠뻑 젖어" 있다. 그리하여 "다만 현재진행형의 비가 더 내려 준다면 오래 씻지 않은 목덜미를/깨끗이 헹구며 갈" 수 있을 것이다. "주름진 잿빛 목덜미에 욱여넣은 오열이 구구구구 쏟아진다". 화자가 자성의 자세를 가다듬자 "삐거덕거림이 삐거덕거림을 돌아본다/부끄러움이 부끄러움을 돌아본다".

시간을 거슬러 오르면 어떤 곳에 이르게 될까. 자주 절실하게 도달하게 되는 기억의 좌표는 무엇일까. 시 「어바웃 타임」에서 화자는 기억을 되짚어 엄마를 찾는다. 피아노 위에 세워진 엄마의 사진은 화관을 쓴 어린 신부를 보여 준다. 화자는 이미 그 신부보다 더 나이가 많은 엄마가 되어 있다. 아마도 화자의 엄마는 화관의 꽃보다 덜 화려한 삶을 살았던 듯하다. 지금 여기서 엄마로서 살면서 화자는 돌아가신 엄마의 시간을 되돌아본다. 세 개의 세대가 교차하고 있다. "나"보다 어린 사진 속 신부가 "웃지 않는 꽃처럼 시들어 가는/나"를 본다.

 자주 되살아나는 무시간적 기억을 숙성하면서 시인은 그 과정에서 삶을 지탱해 주는 힘을 얻는다.

  언제나 개미들이 먼저 도착한다
  개미들은 이전의 문지방 냄새를 기억하고 있다
  낡은 군내를 핥고
  한쪽이 닳아 버린 부뚜막을 핥고 노랗게 찌든 냄비를 핥는다
  찌그러진 양은그릇을 감싼
  기우뚱한 햇살의 단내를 핥고 통째 부엌을 핥아 먹는다
  새벽 해가 떠오를 무렵 노랗게 부엌을 토해 내는
  개미들의 꽁무니에서
  닳고 닳은 문지방이 흘러나오고
  거무스름하게 그을린 냄비의 아랫도리가 흘러나오고
  기울어진 부뚜막이 흘러나온다

흘러나온 것들은 줄줄줄 줄지어 문지방을 넘어간다
　문지방을 넘거나 넘지 않거나
　줄과 줄은 벽을 짚고 일어선다 긴 강이 된다
　빈틈이 모두 사라진다

　　　　　　　　　　　　　　　―「클리세 1」 부분

　엄마의 옛 부엌은 개미 천지다. 개미가 줄지어 흘러가는 선이 부엌을 재구성한다. 그 흐르는 선은 "닳고 닳은 문지방"에서 "기울어진 부뚜막"을 지나 "그을린 냄비의 아랫도리"로 이어져 "긴 강이 된다". 이러한 충만에서 "빈틈이 모두 사라진다". 화자는 "빈틈"의 순간에서 어린 시절 엄마의 부엌을 떠올린다. 엄마의 삶, 그 체취가 "개미들의 꽁무니"에서 흘러나와 화자를 적시고 흘러간다.

　위 시의 나머지 뒷부분에서는 "부엌"의 이름이 지워지고 그 자리를 "키친"이 대체한다. "일회용 레시피"로 만들어지는 것들은 "일회용 쓰레기봉투"에 담겨 버려진다. 그곳에서는 엄마의 부엌이 환기하는 내용을 찾을 수 없다. 딸의 "키친은 키친이 아니다". "닳고 닳은 문지방"과 세월의 무게에 "기울어진 부뚜막"은 오롯하게 엄마의 것이다. 엄마의 "부엌"이 그 시절 다른 숱한 엄마들의 삶을 대변하였듯이 딸의 "키친" 또한 딸의 세대를 반영하여 "클리세"를 이룬다. 엄마도 화자도, 그리고 딸까지도, "클리세"의 삶을 벗어나지 못하는 곤경 속에 있다. 슬쩍 묻어나는 정제된 자조의 어조가 한보경 시인의 언어에 고유의 향을 더한다.

5. "날개에 대한 짤막한 애도"

한보경의 시는 내면의 풍경으로 충전되어 있으나 유아론적 미로에서 길을 잃지 않는다. 그가 바깥 세계와의 경계에서 양쪽을 두루 살피기 때문에 그러하다. 현실의 시간 내에 비현실의 시간이 응축되면서 사건의 세부가 사라지고 그 윤곽이 남는다. 시인이 애써 응시하는 바는 외연이 어두워지고 그로써 발현되는 실루엣이다. 구체가 사라져야 드러나는 추상이 있다.

보이지 않는 것은 어디에나 있다. 먼 곳에 있어 보이지 않을 수 있으나 가까이 있어서 그럴 수도 있다. 한보경 시인이 먼 기억을 헤집어 응집하는 추상은 특이하게도 가까이서 비롯하는 때가 잦다. 그의 시는 가까운 현실을 통해 먼 비현실을 구현한다. 시 「트와일라잇 존 1」에서 화자는 가까운 곳과 먼 곳 사이에 있다. 가까이 꽃이 있고 멀리 꽃이 품은 미지의 궁극이 있다. 꽃의 심연은 먼 곳에 있으나 그 실현은 꽃 자체에서 이뤄지므로 "가까운 거리부터 재는 습관"을 익혀야 한다. 하지만 현실의 꽃은, 그러니까 화자가 겪어온 꽃은, "한때 꽃이었거나/꽃인 척하던, 꽃 아닌 꽃들"에 불과하다. "당분간 꽃이라고" 불러 주는 것의 "아래로 아래로" 내려가 "머나먼 심연"에 닿고 싶다. 화자의 어려움은 그 심연이 표상을 거쳐 도달할 수밖에 없다는 데서 기인한다. 화자의 응시에 가시적 꽃은 "눈인사만 쨍하게 던지고 잠잠한" 침묵 속에 있다. 꽃의 내면에 들어가고 싶다. 꽃이 주는 암시는 화자를 매혹하나 그를 안으로 안내하지는 않는다. 겉과 속이 하나가 되는 일은 어렵다. 날마다 계속되는 추구와 좌절에서 화자는 지쳐 간다. "멀고 가까운 거리의 경계가 모두 사라진/내가 모르는 세상이 있기는 한 거니"라는 자문은 그가 추구하는 꽃의 성격을 드러낸다. 꽃은 화자가 실현하고자 하는 어느 아름다움 혹은 진리를 재현한다. 그 꽃은 현실의 것이면서 또한 비현실의 것이기도 하다. 화자는 탈속의 방향성을 띠는 듯해도 두 발을 언제나 현실에 딛고 있다. 현실의 한계에 대한 불편한 의식을 드러내는 측면이 있으나 동시에 그 쓸모와 불가피성을 고려하는 심중이 읽힌다. 화자가 먼 곳에 이르지 못하는 이유는 "가까운 곳에 닿지 못한 내 눈인사 때문"이다. 가까운 꽃과 먼 꽃이 하나가 되는 세상은 어떻게 이뤄질 수 있을까? 이 질문을 되풀이하고 이에 답해 온 "끝없는 유예의 시공"에서 화자는 자신에게 "당분간 꽃"이었을 따름인 것을 소환한다. 꽃을 불러내 재구성하는 과정에서 화자는 이곳과 저곳의 연결을 시도하고 현실과 비현실의 중첩을 해석하면서 미지의 심연으로 내려가려 한다. 이것이 화자가 "꽃처럼 살겠습니다"라고 천명하는 이유일 것이다.

 시「간절의 틈새에 손가락이 끼다」에서도 꽃은 이곳과 저곳 사이에 있다. 화자는 "이미 와 있는" 것을 제대로 보지 못하면서 "아직 오지 않은" 것의 뒤통수를 바라본다. "가 버린 것"과 "오지 않은 것" 사이에서 "핏빛 꽃이 핀다". 시「트와일라잇 존 2」에서 화자에게 "방금 당신이 완성한 문장"으로 다가오는 노을은 "아름다웠던 그날로 되돌아가는 입구"였다가 "꽁꽁 묶인 금기들이 풀려나는 찬란한 출구"로 바뀐다. 빛과 어둠이 교차하는 시공은 시시각각 그 형상과 색상이 바뀐다. 가까운 것이 먼 것과 수시로 묶인다. 열림과 닫힘의 춤이 열정을 휘젓는데도 화자는 자신의 "미처 끝내지 못한 나의 문장"이 "어느 곳에 홀로 멈추어 서" 있다고 아파한다. "흉내 낼 수 없는/당신의 방언은 끝내 따라 하지" 못하더라도 "강물처럼 끝 모를/오랜 완결"을 소망한다.

세상과 세월에 생기를 불어넣는 시인의 사랑법은 어찌 구할 수 있을까. 온갖 레시피를 다 써서도 "딱 한 번 절정의 맛"을(「테드 휴즈의 아홉 가지 레시피」) 경험하지 못한 시인은 인생에서 어떻게 해방구를 열 수 있을까. 기적의 공식은 없는 듯하나 시인은 사실 그만의 요리법을 이미 갖고 있다. 그가 요긴하게 사용하는 사랑의 레시피는 미세한 차이를 분별하는 감수성의 발휘이다. "문신과 타투"는 같은 듯 다르다. 시인은 그 뉘앙스의 차이를 재현하는 것이 시라고 느낀다. 심미적 혜안은 "보이지 않는 바로 눈앞"에서 열린다. 가까이 있어 오히려 보이지 않는 것이 있다. "콕 짚어 아는 척하기 어려운" 것이 있어도 우리는 "그것이 깊은 수렁은 아니라고 무시하고 그냥 지나치는" 경향이 있다. 실제로는 모르는 것을 아는 척 살아가는 것이 "너와 화해할 수 있는 가장 적절한 방법"일 수 있다. 하지만 지나치기 쉬운 작은 차이, "바로 눈앞에 아주 짧고 속 좁은 간극"을 지각하는 데서 심미적 혜안이 열리고 바로 여기서 시가 탄생한다.(「문신과 타투」)

작은 차이가 일으키는 소용돌이가 있다. 시인의 의식은 바깥세상과 안 세상의 경계에서 첨예하게 깨어난다. 그는 하나인 듯 엉겨 있는 두 세상의 작은 틈새를 비집고 파고든다. 얼핏 작아 보이는 차이는 결국 큰 차이를 노출하여 그 틈새는 두 세상의 경계를 넘나드는 입구이자 출구를 이룬다. 표제시에서 자몽과 자몽주스의 차이가 그러하다. 자몽은 겉껍질과 속 알갱이로 이뤄져 있다. 한통속인 듯해도 자몽의 겉은 "쓰디쓴 밤의 껍질"인 반면에 속은 "웅얼웅얼 부드럽게 엉긴 알맹이로 몸 바꾸는 아침"이다. 누구에게나 자몽과 자몽주스는 분명 다르다. 하지만 아무도 화자처럼 그 차이를 아프게 들여다보지는 않는다. "하나로 이어질 수 없는 것을 억지로 이어 붙인/변신인지 변심인지"를 고민하는 자는 드물다. 그는 "껍질이 드러나지 않게 동그랗게 등을 말고 부드럽게" 알맹이로 살고 싶다. 그렇지만 세상은 녹록지 않아서 "껍질"이 필요하다. 그는 "폭압의 껍질을 벗어 던지겠다 하고/결코 벗지 않는" 모순에 처할 수밖에 없다. 믿음직스럽게도 화자는 이러한 곤경을 온몸으로 견뎌 내려 한다. "시들지 않고 천천히 껍질이 되어 가는 겨울꽃처럼" 생의 남은 시간을 감내하려 한다. "말라 바스러져 다시 꽃 피겠다는/명쾌한 결론"이 자몽과 자몽주스 사이 작은 틈에서 도출되고 있다. 작은 차이는 잘 보이지 않는다. 가까이 쉽게 보이지 않는 미세한 차이, 그 틈새를 파고드는 심미적 레시피가 성찰의 언어에 특유의 맛을 가미한다.(「자몽주스를 좋아하지 자몽을 좋아하지 않아」)

또 다른 사랑의 레시피는 삶을 너그럽게 포용하는 자세일 듯하다. 최선을 다해 세상을 사는 일은 "노을에 붉게 젖지 않고/서쪽을 사랑하게 되는 일"이다. "여기에서 지는 일은 거기에서 피는 일"이므로 가까이 사라지는 것에서 멀리 살아나는 것을 찾을 따름이다. "시든 꽃의 파편을 모아 무너진 폐사지를 그리는" 이유는 가장 아름다운 시공이 지금 이곳인 까닭이다. 지금 이곳이어야 하고 그럴 수 있다. 시인의 시 쓰기는 "꽃을 지난 시간이 꽃을 지키는 일"과 다르지 않을 것이다.(「화양연화」)

한보경의 시는 엔딩의 미학을 반영한다.

> 비틀거리는 해를 감당할 수 없을 때 바다는 해보다 먼저 붉게 취해 버립니다
>
> 멈칫 뒤로 나앉던 수평선이 벌떡 일어나 뜨겁게 엉긴 바다와 해를 식혀 줍니다
>
> 짧은 장면입니다
>
> 짧은 막장은 끝까지 지루하지 않습니다
>
> ―「곰소」 부분

화자가 바닷가에 서 있다. 시선이 저녁 햇살처럼 따뜻하고 너르게 장면에 내려앉는다. 연민이 없지 않으나 마음이 불콰하게 달아오른다. 지금 이곳의 "소금 맛이 맵고 짜고 달콤한 것은 짧게 얽힌 엔딩 때문"이다. 지금 이전에 연연하지 않듯이 지금 이후에 안달하지 않는다. "짧은 장면"의 충만

이면 족할 것이다.
 지상의 시인은 낭만의 환상을 버려야 하는지도 모른다.

 날개에 대한 짤막한 애도이고 애도는 하나뿐인 나의 미담이다

 기다림과 미움은 끊어질 듯 끊어지지 않았고 날개에 대한 나의 애도는 너무 쉽게 끊어졌다

 다행히 겨드랑이 아래 미담의 껍데기들이 거짓말처럼 사라졌다
—「미담」 부분

 미담은 현실을 직시하지 못하게 한다. 그리하여 현실의 진짜 아름다움마저 가려 버린다. "제비는 돌아오지 않았다"는 사실을 인정해야 하는 순간이 온다. "오랫동안 엄마를 힘들게 한 날개가 정말 있었을까". 날개의 환상을 버림으로써 화자는 모종의 해방을 이룬다.

6. "개와 하모니카보다 더 어려운 생략"

 한보경 시인은 사적 경험을 여하히 감추는 언어를 구사하는 데 능하다. 이러한 능통은 세월을 거슬러 어떻게든 되살아나는 것들을 힘들게 다스려 온 손놀림에서 구해졌을 것이다.

 드러난 것을 감쪽같이 감출 수 있을까

감치는 것이 살과 뼈를 감추는 최선인지 뼈에게 묻는다

의심하는 바늘의 귀를 가느다란 눈짓에 걸고 여자는
뼈 있는 답을 궁리한다

거짓말처럼 첫눈이 내리면
꽁꽁 묻어 둔 시린 상처에서 핏빛 꽃이 피기를 기다려

바늘귀를 뚫고 나온 뾰족한 햇살이 여자의 심장을 꿰뚫는다
오래전 젊은 엄마의 몸을 꿰뚫고 나온
여자가 젊은 엄마의 매듭을 품었을 때처럼, 젊은 여자의 몸을 꿰뚫고 나온
 어린 몸이 젊은 여자의 매듭을 품었을 때처럼
매듭과 매듭은 서로의 몸을 꿰뚫어 풀리지 않는 매듭이 된다

시작과 끝이 이렇게 일관적인 것이 또 있을까

꿰뚫고 꿰뚫린 것들은 나긋하고 다정하다

짧은 시간을 꿰어 매듭을 짓는 일
시간을 감쳐
묵은 상처를 감추는 일
서로의 심장에 심장을 묻는 일이다
─「퀼트」부분

시를 쓰는 일은 시간의 조각을 감치는 일이다. 매듭을 짓고 "감치는 것"은 필연적으로 "감추는" 것을 수반한다. 그리하여 시는 생략에서 탄생한다. 시는 일기가 아니다. 한보경 시인이 현실에서 비현실을 창조하고 기억의 굴레에서 자유의 실타래를 자아내는 작시법은 생략에 의존한다. "심장에 심장을 묻는" 숨김에 의존한다.

생략으로 축적되는 시공이 있다. 생략이 심해서 그것이 무엇인지 "죽었다 깨어도 알 수 없는" 무엇이 있다.

어쩌다 같은 시간 속에 서 있었습니다
그것이 전부입니다
생략된 무엇을 보고 듣고 말한 적 없습니다
죽었다 깨어도 알 수 없는 무엇은, 어쩌다 개와 하모니카 같은
어려운 생략인지 모릅니다

똑같은 집을 짓고 똑같은 시간을 보내는 사람들은
우연을 필연으로 뭉뚱그리는 버릇을 가졌습니다
무심한 우연과 폭압적인 필연 사이에서 빠져나오지 않습니다
개와 하모니카처럼
생략을 모르면서 생략을 안다고 어렵게 말합니다

완벽한 생략을 기다리는 사람들은
똑같은 시간 속에 똑같은 집을 짓고 사는 사람들처럼 이미
우리였는데

내일부터 우리여야 한다고 우리 밖으로 나와

진짜 우리가 될 수 있을까

늘 의심하고 궁리합니다

우리가 아닌 우리를 우리라고 엮어 한 우리 속에 가둔 오늘

어제와 똑같은 바람이 붑니다

똑같은 이유 없이도 바람은 똑같이 불어옵니다

내일은 소나기를 생략할 수 있습니다

생략을 생각하다가

똑같은 시간 속에 똑같은 집을 짓지 못한 사람들을 생각하다가

사람들이 어디에서 비를 생략할까 생각하다가

개와 하모니카보다 더 어려운 생략에 대한 생각을 생략합니다

―「개와 하모니카」 전문

"개와 하모니카"는 어떤 관계 속에 있을까? 맥락이 사라진 "어려운 생략"이 화자의 엉뚱한 상상을 일깨운다. 세상에서 "어쩌다 같은 시간 속에" 있는 우연은 가끔 "폭압적인 필연"으로 둔갑한다. "우리가 아닌 우리를 우리라고 엮어 한 우리 속에 가둔 오늘" 화자는 "어제와 똑같은 바람"에 질식감을 느낀다. 모두를 하나로 강압하는 "우리"의 틀과 우연의 자유를 필연의 통제로 묶는 하루하루의 삶에서 권태를 느낀다. 그러다 문득 "우리"와 "필연"의 끈을 잘라 낼 수

있는 "생략"을 생각한다. "똑같은 시간 속에 똑같은 집을 짓지 못한 사람들"을 생각한다. "개와 하모니카"는 뜬금없다. 이것마저 동일성으로 묶어 낼 필연은 없을 듯하다. "생략"이 나와 너를 떼어 놓을 수 있다. 이렇게 생각을 굴리다가 화자는 그 생각마저 "생략"한다. "개와 하모니카보다 더 어려운 생략에 대한 생각을 생략합니다". 간절한 어투의 여러 시와 다르게 이 시는 그 사유의 전개가 눈앞의 세상마저 생략할 수 있다는 듯 발랄하고 경쾌하다.

  한보경의 시에는 호흡이 짧아지고 단단하게 벼려진 언어와 다소 다변적으로 변주되는 언어가 공존한다. 어느 경우에나 시적 제재에 집중하는 열정이 작동한다. 하지만 어떤 경우에도 사건의 전말을 세세하게 드러내지 않는다. 다만, 생의 여정을 안아 주는 따뜻하고 넓은 포옹이 전체를 아우른다.

    얼마나 남았을까

    시든 풀잎처럼 숨 고를 수 있는 시간

    헐렁해진 심장이 마지막 출정을 떠나는

    지금은, 아득한 변방

    가장 낮은 자세는 아직 옳다
                                 —「낡은 양말」 부분

생략의 틈새로 시인이 보인다. 보이지 않는 대로 보이는 대로 멀리 또한 가깝게 "낮은 자세"로 있다. 그래서일까, 한보경은 "아직 옳다".

운명을 너그럽게 수용하는 나이에 시를 쓴다는 행위는 무엇인가? 엘리엇은 스물다섯이 넘어서도 시를 쓰려는 자는 역사의식을 가져야 한다고 했다. 고독과 열망이 시를 쓰게 하던 시기를 지나 세상사가 뜻대로 이뤄지지 않는다는 게 확연해지고 남은 시간이 짧게 느껴지는 즈음에 시는 어떻게 유지될 수 있을까? 한보경의 이번 시집은 시에 정진해 온 자의 쓸쓸한 숙고를 정직하게 탐색하고 완숙한 기교의 언어로 객체화하는 능력에서 주목받아 마땅하다. 시는 철없는 사랑의 고백이 아닐 것이다. 마찬가지로 노년의 초연도 아닐 것이다. 위로도 희망도 믿음도 아닐 것이다. 현실의 와중에서, 탈속이 아닌 속세에서, 시인의 저항은, 꺼지지 않는 열망은, 그리하여 사랑은 어찌 유지될 수 있을까? 한보경의 시에는 쉬운 해결이 없고 가까운 위로가 없고 성불의 가식이 없고 무엇보다 섣부른 사랑이 없다. 달콤하고 강렬한 언어에 익숙해진 독자에게는 어쩌면 전달이 어려울 수 있는, 오랜만에 드물게 대하는, 한보경 시인의 새 사랑법이 어찌 진화할지 눈여겨보자.